Indice

Introduzione

Nel vasto oceano dell'esistenza umana, ogni individuo è come una piccola barca in balia delle onde, navigando attraverso le acque agitate della vita. In questo viaggio, ci troviamo costantemente di fronte a sfide, ostacoli e opportunità, che plasmano il nostro destino e determinano il corso della nostra esistenza. Ma mentre affrontiamo le tempeste e le calmare, ci rendiamo conto che il vero nemico non è tanto ciò che ci circonda, ma piuttosto la nostra stessa percezione di noi stessi e del mondo che ci circonda. Questo libro nasce dalla profonda convinzione che ogni individuo abbia un potenziale illimitato che attende solo di essere scoperto e realizzato. È una guida pratica e completa per sfidare sé stessi, superare le proprie limitazioni mentali e realizzare il proprio potenziale più elevato. Attraverso una serie di capitoli ricchi di conoscenze e tecniche, esploreremo le profondità della mente umana e impareremo a padroneggiare l'arte della autodisciplina, della persuasione positiva e della gestione delle emozioni, per diventare la migliore versione di noi stessi.

L'odissea verso il nostro sé migliore inizia con un primo passo audace, ed è per questo che iniziamo con l'importanza dell'inizio. Esploreremo come l'inizio di qualsiasi viaggio, sia esso fisico o metaforico, sia cruciale per il successo futuro. Impareremo che anche il più grande dei traguardi può essere raggiunto attraverso piccoli passi, e che ogni passo verso il cambiamento è un passo verso una vita più piena e soddisfacente.

Nei successivi capitoli, affronteremo il concetto dei 21 giorni per il cambiamento, un principio che ci insegna che possiamo creare nuove abitudini e modelli mentali in soli tre settimane di pratica costante. Esploreremo come utilizzare questo principio per implementare cambiamenti positivi nella nostra vita quotidiana, rompendo vecchi schemi e abbracciando nuove possibilità.

Ma il viaggio verso la trasformazione personale non è solo una questione di azione esterna; richiede anche una profonda comprensione e padronanza della nostra mente e del nostro linguaggio interiore. Nel capitolo dedicato alla manipolazione mentale e linguistica positiva, impareremo come le parole che usiamo e il modo in cui le usiamo possono influenzare profondamente il nostro pensiero e il nostro comportamento. Attraverso l'apprendimento di schemi di linguaggio positivo, saremo in grado di influenzare positivamente non solo noi stessi, ma anche coloro che ci circondano.

Una delle sfide più grandi che affrontiamo è la paura del giudizio degli altri. Tuttavia, impareremo che superare questa paura è essenziale per la nostra crescita e il nostro successo. Attraverso strategie pratiche e esercizi di autorealizzazione, scopriremo come sviluppare una maggiore fiducia in noi stessi e nelle nostre capacità, liberandoci così dalle catene dell'insicurezza e del timore.

La crescita personale non è solo una questione di fiducia in sé stessi; richiede anche una forte dose di autodisciplina. Nel capitolo dedicato all'autodisciplina, attingeremo a tecniche e strategie per sviluppare e mantenere l'autodisciplina necessaria per perseguire i nostri obiettivi e realizzare i nostri sogni, anche quando la strada sembra difficile e accidentata.

Oltre all'autodisciplina, il nostro subconscio è una risorsa potente che può essere utilizzata per attivare i nostri potenziali più profondi. Attraverso tecniche di programmazione subconscia, scopriremo come utilizzare il potere della mente per migliorare la nostra salute, le nostre relazioni e il nostro successo generale nella vita.

Nonostante i nostri sforzi, spesso siamo i nostri peggiori nemici, sabotando i nostri sforzi e limitando il nostro successo. Nel capitolo dedicato all'autosabotaggio, esploreremo tecniche e abitudini per rompere il ciclo dell'autosabotaggio e raggiungere il nostro pieno potenziale.

Una volta superati gli ostacoli interni, è essenziale avere un piano d'azione ben definito per guidarci lungo il nostro percorso di crescita personale. Creeremo insieme un piano d'azione personalizzato per affrontare e superare le sfide che incontriamo lungo il nostro cammino, garantendo così il nostro successo futuro. La crescita personale non è solo una questione di azione; richiede anche una mente aperta e creativa. Esploreremo come coltivare la creatività e la mentalità positiva necessarie per affrontare con successo i problemi e le sfide della vita, trasformando così le sfide in opportunità di crescita e successo. Infine, come diventare una persona carismatica, in grado di ispirare e guidare gli altri con il proprio esempio. Attraverso l'autoconsapevolezza, l'empatia e la comunicazione efficace, diventeremo dei veri leader nelle nostre vite personali e professionali.

In conclusione, la sfida di superare sé stessi è un viaggio senza fine, ma è anche un viaggio gratificante e pieno di opportunità. Con le conoscenze e le tecniche apprese in questo libro, saremo in grado di affrontare qualsiasi sfida con fiducia e determinazione, trasformando le nostre vite e realizzando il nostro pieno potenziale. Sii il vincitore della tua vita e abbraccia la sfida di diventare la migliore versione di te stesso. Buon viaggio!

L'Importanza dell'Inizio

Nel vasto panorama dell'esistenza umana, ogni successo, ogni conquista, ogni trasformazione ha un punto di partenza cruciale: l'inizio. L'importanza di questo momento fondamentale è spesso sottovalutata, ma è proprio qui che si cela il segreto del cambiamento e della realizzazione dei nostri sogni più audaci. In questo capitolo esploreremo a fondo il significato e l'importanza dell'inizio, analizzando come questo momento critico possa determinare il corso della nostra vita e plasmare il nostro destino. Tutte le grandi imprese, dalle opere d'arte ai successi imprenditoriali, hanno un punto di partenza comune: l'inizio. È qui che ogni viaggio verso il successo ha il suo avvio, e ciò che rende unico questo momento è la sua potenza trasformativa. L'inizio è il momento in cui prendiamo consapevolmente la decisione di intraprendere un nuovo percorso, di perseguire un nuovo obiettivo o di realizzare un nuovo sogno. È il momento in cui ci solleviamo dalle ceneri della nostra passività e ci lanciamo verso il futuro con determinazione e impegno.

Ma perché è così importante l'inizio? Perché è proprio qui che si concentra tutta la nostra energia vitale, pronta a essere canalizzata verso la realizzazione dei nostri desideri più profondi. È come l'accensione di una fiamma nel buio, che illumina il cammino davanti a noi e ci spinge a muoverci con fiducia e determinazione. Senza un inizio, rimarremmo intrappolati nella stagnazione e nell'inerzia, incapaci di progredire o di crescere.

L'inizio è anche il momento in cui prendiamo una decisione fondamentale: quella di impegnarci attivamente nel processo di cambiamento e crescita personale. Questa decisione può sembrare banale, ma è in realtà un atto di grande coraggio e determinazione. È il momento in cui ci affidiamo alla nostra capacità di superare le sfide e di raggiungere i nostri obiettivi, indipendentemente dalle difficoltà che potremmo incontrare lungo il cammino.

Una delle principali sfide che dobbiamo affrontare quando prendiamo la decisione di iniziare un nuovo percorso è la paura dell'incertezza. Il futuro è un territorio sconosciuto, pieno di possibilità e potenziali, ma anche di rischi e pericoli. È naturale sentirsi intimiditi di fronte a tanta incertezza, ma è importante ricordare che è proprio questa incertezza che rende la vita così interessante e stimolante. Per superare la paura dell'incertezza, è importante avere fiducia nelle nostre capacità e nella nostra capacità di adattarci e reagire alle sfide che incontriamo lungo il cammino. È anche utile avere un piano d'azione ben definito, che ci aiuti a navigare attraverso le acque agitate dell'ignoto con sicurezza e determinazione.

L'inizio non è solo un momento nella linea del tempo; è uno stato mentale, un'attitudine verso la vita che ci permette di affrontare ogni giorno con ottimismo e speranza. È il coraggio di metterci in gioco, di rischiare il fallimento per avere la possibilità di raggiungere il successo. È la consapevolezza che ogni giorno è una nuova opportunità per crescere, imparare e migliorare.

l'importanza dell'inizio è un tema centrale nella nostra esistenza umana, che permea ogni aspetto della nostra vita. È il momento in cui prendiamo consapevolmente la decisione di intraprendere un nuovo percorso, di perseguire un nuovo obiettivo o di realizzare un nuovo sogno. È un momento di grande potenziale e opportunità, ma anche di grande responsabilità e impegno. Che sia il primo passo di un lungo viaggio o l'inizio di una nuova avventura, l'importante è avere il coraggio di iniziare e la determinazione di perseguire i nostri sogni con passione e dedizione.

L'importanza dell'inizio è un concetto intrinseco alla nostra esistenza, un'essenza che permea ogni aspetto della nostra vita. È un punto cruciale, un momento di svolta in cui tutto può cambiare, dove le decisioni prese possono modellare il nostro destino in modo indelebile.

L'inizio è il seme da cui germina il successo, l'emblema della rinascita e della possibilità. È l'istante in cui decidiamo di intraprendere un nuovo viaggio, di abbracciare una nuova sfida o di coltivare un nuovo sogno. È il battito d'ala della farfalla che scatena una tempesta di cambiamento nella nostra vita.

In questa fase embrionale, ogni pensiero, ogni azione, ogni respiro è intriso di potenziale. È come un foglio bianco, prontamente disposto ad accogliere la penna dell'avventura e tracciare il corso della nostra esistenza. È il momento in cui prendiamo il timone del nostro destino e solleviamo le vele verso l'orizzonte sconosciuto che ci attende.

L'importanza dell'inizio risiede nella sua capacità di risvegliare il nostro spirito di avventura, di incitare la nostra curiosità e di alimentare la nostra determinazione. È un invito alla scoperta, un richiamo alle armi contro l'inerzia e la stagnazione. È il catalizzatore del cambiamento, la scintilla che accende il fuoco della trasformazione.

Ma l'inizio non è solo un momento fugace nella nostra vita; è un processo continuo, un flusso incessante di nuove opportunità e nuove sfide che ci attendono ogni giorno. È il coraggio di alzarsi ogni mattina con la consapevolezza che ogni giorno è una nuova possibilità per reinventarsi, per rinnovarsi, per crescere. Eppure, nonostante la sua importanza fondamentale, l'inizio è spesso temuto e procrastinato. La paura dell'ignoto, la resistenza al cambiamento, l'incertezza del futuro possono ostacolare il nostro cammino verso nuove avventure e nuove conquiste. Ma è proprio in questi momenti di incertezza e di dubbio che l'importanza dell'inizio diventa più evidente.

È nel momento in cui superiamo le nostre paure e ci lanciamo nel vuoto con fiducia e determinazione che scopriamo il vero potenziale dell'inizio. È nel momento in cui prendiamo la decisione di affrontare le nostre paure e di abbracciare l'ignoto che scopriamo la forza che risiede dentro di noi, pronta a guidarci attraverso qualsiasi tempesta.

L'inizio è il fondamento su cui costruiamo le nostre vite, il punto di partenza da cui partiamo alla conquista dei nostri sogni più audaci. È la base su cui poggiano le nostre aspirazioni e le nostre ambizioni, il terreno fertile in cui piantiamo i semi del nostro futuro.

Ma l'importanza dell'inizio non risiede solo nel suo potenziale trasformativo; risiede anche nella sua capacità di ispirare gli altri, di suscitare la loro curiosità e di incitarli ad abbracciare le proprie passioni e i propri desideri. È nel momento in cui prendiamo il coraggio di iniziare che diventiamo un faro per gli altri, un esempio di determinazione e di impegno.

Quindi, che tu stia affrontando una nuova sfida, intraprendendo un nuovo viaggio o coltivando un nuovo sogno, ricorda sempre l'importanza dell'inizio. È il momento in cui tutto è possibile, il momento in cui puoi dare vita ai tuoi sogni e trasformare la tua vita. Non temere l'ignoto, ma abbraccialo con tutto il coraggio e la determinazione di cui sei capace. Perché l'inizio è solo l'inizio di un viaggio straordinario che ti attende. L'importanza dell'inizio è come l'onda che si infrange sulla riva, portando con sé una nuova speranza e un nuovo inizio. È un momento carico di adrenalina, di emozione e di possibilità, ma anche di incertezza e di paura. È il momento in cui ci troviamo di fronte a una scelta cruciale: arrenderci alla paura e alla resistenza o affrontare il futuro con coraggio e determinazione. Immagina di trovarti sul bordo di una scogliera, il vento che sferza il tuo viso, il suono delle onde che si infrangono contro gli scogli. Ti senti piccolo e vulnerabile di fronte all'immensità dell'oceano di fronte a te, ma anche eccitato dall'idea di lanciarti in quell'infinito blu. Il tuo cuore batte all'unisono con il ruggito del mare, la tua mente è piena di dubbi e di domande, ma anche di speranza e di aspettative. In questo momento di incertezza e di dubbio, è facile lasciarsi sopraffare dalla paura e dalla resistenza. È facile dire a sé stessi che è meglio restare sulla terraferma, al sicuro nella propria zona di comfort, piuttosto che rischiare di affrontare l'ignoto. Ma è proprio in questi momenti di incertezza e di dubbio che l'importanza dell'inizio diventa più evidente.

Immagina ora di decidere di affrontare la paura e di lanciarti in quell'oceano di possibilità. Senti l'adrenalina che ti scorre nelle vene, l'emozione che ti avvolge come un abbraccio caloroso. Ti senti vivo, vibrante, pieno di energia e di vitalità. È come se tutto intorno a te si fermasse e tu fossi l'unico protagonista di questa grande avventura.

Ma nonostante l'adrenalina e l'emozione che ti animano, non puoi evitare di sentire anche una certa dose di paura e di ansia. È come se una voce nel tuo cervello ti sussurrasse che stai facendo un errore, che dovresti tornare indietro, che non sei abbastanza forte o abbastanza coraggioso per affrontare questa sfida. È come se una nuvola nera si stendesse sopra di te, oscurando il sole e facendoti sentire smarrito e confuso. E così, mentre ti immergi in questo mare di emozioni contrastanti, ti rendi conto che l'importanza dell'inizio non sta tanto nel raggiungere la meta, ma nel coraggio di affrontare la strada che porta ad essa. È nel coraggio di alzarsi ogni mattina con la consapevolezza che ogni giorno è una nuova possibilità per reinventarsi, per rinnovarsi, per crescere. È nel coraggio di mettersi in gioco, di rischiare il fallimento per avere la possibilità di raggiungere il successo. Ma nonostante tutto, non puoi evitare di sentire anche dei momenti di depressione e di disperazione. È come se il peso del mondo ti schiacciasse contro il petto, rendendoti difficile respirare, difficile pensare, difficile sperare. È come se fossi intrappolato in un labirinto senza via d'uscita, circondato da muri alti e impenetrabili che ti impediscono di vedere la luce del sole.

E così, mentre affronti queste tempeste emotive e psicologiche, ti rendi conto che l'importanza dell'inizio non sta tanto nel raggiungere la vetta della montagna, ma nel coraggio di scalare la parete rocciosa che porta ad essa. È nel coraggio di continuare a camminare anche quando tutto sembra perduto, di continuare a sperare anche quando tutto sembra impossibile, di continuare a credere anche quando tutto sembra vano.

E così, mentre ti ritrovi immerso in questo turbine di emozioni e di pensieri, ti rendi conto che l'importanza dell'inizio è una lezione che ci insegna a non arrenderci mai, a non perdere mai la speranza, a non smettere mai di credere nei nostri sogni e nelle nostre aspirazioni. È una lezione che ci insegna che anche quando tutto sembra perduto, anche quando tutto sembra impossibile, anche quando tutto sembra vano, c'è sempre una via d'uscita, una luce in fondo al tunnel, una speranza che ci spinge a continuare a lottare, a continuare a sperare, a continuare a credere.

L'importanza dell'inizio è come il battito del cuore di una nuova avventura, un'onda di energia che ci spinge verso l'ignoto. È l'inizio di un viaggio che può portarci ad affrontare le altezze vertiginose del successo o a navigare tra le tenebre di una depressione profonda. Ma qualunque sia il destino che ci aspetta, è fondamentale tenere saldo il timone della nostra nave e non perdere di vista l'obiettivo finale. Immagina di essere in cima a una montagna, il vento che ti

accarezza il viso, mentre ti prepari ad affrontare la discesa più impegnativa della tua vita. La tensione nel petto, l'adrenalina che scorre nelle vene, la determinazione che ti brucia dentro: tutto questo è l'essenza dell'inizio. È la consapevolezza che ogni passo che compi ti avvicina un po' di più alla meta, che ogni sforzo che fai ti rende più forte e più resiliente. Ma lungo il cammino ci sono anche momenti bui, in cui la depressione può afferrarti con le sue grinfie gelide e trascinarti verso il basso. È come essere intrappolati in una caverna oscura, senza speranza di vedere la luce del giorno. In quei momenti, è facile perdere di vista l'obiettivo, lasciarsi sopraffare dal senso di disperazione e abbandonarsi alla tentazione di arrendersi. Ma è proprio in quei momenti di buio che dobbiamo aggrapparci con tutte le nostre forze alla speranza, alla consapevolezza che la luce è ancora lì fuori, pronta a guidarci attraverso le tenebre.
Ecco perché è così importante mantenere la mente focalizzata sull'obiettivo, non permettere mai alla negatività di intorpidire il nostro spirito. È come tenere acceso un faro nella tempesta, una guida costante che ci aiuta a navigare attraverso le acque agitate della vita. E quando incontriamo persone negative lungo il nostro percorso, dobbiamo essere pronti a distogliere lo sguardo, a mantenere una distanza sicura, per non permettere loro di offuscare il nostro cammino con la loro oscurità.

Ma non possiamo affrontare questa avventura da soli. Abbiamo bisogno di alleati, di amici e familiari che ci sostengano lungo il nostro cammino. È come avere una squadra di supporto pronta a tendere una mano quando le cose si fanno difficili, a incoraggiarci quando siamo giù di morale, a celebrare con noi quando raggiungiamo nuove vette di successo. È importante circondarsi di persone che condividono la nostra visione, che credono nel nostro potenziale e che ci spingono a dare sempre il meglio di noi stessi. E così, mentre continuiamo il nostro viaggio attraverso le montagne e le valli della vita, ricordiamo sempre l'importanza dell'inizio. È il momento in cui tutto è possibile, il momento in cui possiamo abbracciare il nostro destino con coraggio e determinazione. E anche quando le tempeste si scatenano e le nuvole oscurano il sole, continuiamo a navigare con fiducia verso l'orizzonte, sapendo che alla fine della nostra avventura ci aspetta la promessa di un nuovo inizio, ancora una volta.
L'importanza dell'inizio è un concetto che abbraccia l'intera essenza della nostra esistenza. È come il seme che germina nel terreno fertile della nostra volontà, pronto a sbocciare in un giardino di possibilità e promesse. Ma affrontare l'inizio non è solo una questione di decisione; richiede una certa dose di coraggio,

determinazione e una visione chiara del futuro che desideriamo creare.
Immagina di essere su una piccola imbarcazione, galleggiante sul mare della vita.
Il sole sorge all'orizzonte, lanciando raggi dorati sulla superficie calma
dell'oceano. Le vele sono sollevate, pronte a catturare il vento che ti spingerà
verso nuove avventure. Ma il tuo cuore è pieno di incertezza, di dubbi e di timori.
È normale sentirsi così di fronte all'ignoto, ma è proprio in questi momenti di
incertezza che l'importanza dell'inizio diventa più evidente.
Pensa a un momento in cui hai affrontato una nuova sfida o intrapreso un nuovo
percorso nella tua vita. Forse è stata una nuova carriera, una relazione o un
viaggio in un luogo sconosciuto. Ricorda il mix di emozioni che hai provato:
l'entusiasmo di un nuovo inizio, la paura dell'ignoto, l'adrenalina che ti ha spinto
ad agire nonostante tutto. Questi sono i sentimenti che accompagnano ogni
nuovo inizio, un turbine di emozioni che ci spinge verso il futuro con speranza e
determinazione. Ma l'inizio non è solo un momento di emozioni forti; è anche un
momento di grande vulnerabilità. È quando ci esponiamo al mondo con tutti i
nostri sogni e le nostre aspirazioni, pronti a essere giudicati e valutati dagli altri. È
come saltare in un burrone senza sapere se ci sarà un fondo morbido ad
attenderci o un precipizio senza fine. È una sensazione di vertigine che ci fa
vacillare, ma è anche quella che ci dà la forza di spiccare il volo.
Eppure, nonostante la paura e l'incertezza, è importante non perdere di vista il
nostro obiettivo e mantenere sempre una visione positiva del futuro. È facile
lasciarsi travolgere dalle difficoltà e dalle sfide che incontriamo lungo il cammino,
ma è proprio in questi momenti che dobbiamo tirare fuori il nostro coraggio e la
nostra determinazione. Non possiamo permettere alle persone negative o alle
circostanze avverse di influenzare il nostro percorso. Dobbiamo rimanere saldi
nella nostra convinzione che possiamo superare qualsiasi ostacolo e raggiungere
qualsiasi obiettivo ci siamo prefissati.

Per non smarrire la rotta durante l'inizio di un nuovo percorso, è fondamentale
avere un piano ben definito. Immagina di essere un architetto che progetta una
casa: prima di iniziare a costruire, devi avere un piano dettagliato che ti guiderà
passo dopo passo lungo il processo di costruzione. Lo stesso principio si applica
quando si tratta di iniziare un nuovo capitolo nella nostra vita.
Il primo passo per creare un piano per l'inizio è definire chiaramente il nostro
obiettivo. Cosa vogliamo ottenere? Qual è il nostro destino finale? Queste sono
le domande che dobbiamo porci prima di iniziare il nostro viaggio. Se non

sappiamo dove vogliamo arrivare, è difficile stabilire il percorso migliore per arrivarci.

Una volta definito l'obiettivo, dobbiamo identificare le azioni specifiche che ci porteranno più vicino al raggiungimento di quel obiettivo. Ad esempio, se il nostro obiettivo è perdere peso, le azioni potrebbero includere l'adozione di una dieta sana ed equilibrata, l'esercizio fisico regolare e il monitoraggio dei progressi attraverso un diario alimentare.

Ma creare un piano per l'inizio non è solo una questione di azioni concrete; richiede anche una certa dose di flessibilità e adattabilità. La vita è imprevedibile e spesso ci troveremo ad affrontare ostacoli e sfide che non avevamo previsto. È importante essere pronti a modificare il nostro piano in base alle circostanze e alle opportunità che si presentano lungo il cammino.

Infine, è essenziale avere un sistema di supporto solido che ci sostenga durante l'inizio del nostro viaggio. Questo può includere amici, familiari, mentor o coach che ci incoraggiano, ci sostengono e ci guidano lungo il percorso. È importante avere qualcuno con cui condividere le nostre speranze, i nostri sogni e le nostre paure, qualcuno che ci dia la forza di andare avanti quando le cose diventano difficili. l'importanza dell'inizio risiede nella sua capacità di darci il coraggio di affrontare l'ignoto, di superare le nostre paure e di perseguire i nostri sogni più audaci. Creare un piano per l'inizio è fondamentale per mantenere la rotta durante il nostro viaggio e per assicurarci di raggiungere il nostro obiettivo finale. Con determinazione, coraggio e una visione chiara del futuro che desideriamo creare, possiamo superare qualsiasi ostacolo e realizzare qualsiasi sogno ci proponiamo.

Il Concetto dei 21 Giorni per il Cambiamento

Il concetto dei 21 giorni per il cambiamento è una teoria affascinante che suggerisce che possiamo modellare nuove abitudini e schemi mentali in soli tre settimane di pratica costante. Questa idea, basata sull'osservazione dei modelli comportamentali umani, ha guadagnato popolarità nel campo dello sviluppo personale e della psicologia. Sebbene la sua validità scientifica possa essere oggetto di dibattito, molti lo considerano un principio guida utile per avviare e mantenere cambiamenti positivi nella vita quotidiana. Il concetto dei 21 giorni per il cambiamento si basa sull'idea che la ripetizione costante di un comportamento o di un pensiero per un periodo prolungato possa condizionare la mente a integrare quel comportamento o pensiero nella routine quotidiana. Questo processo, noto anche come neuroplasticità, si riferisce alla capacità del cervello di adattarsi e cambiare in risposta all'esperienza. Quando ci impegniamo costantemente in un'azione o pensiero specifico per un periodo di tempo prolungato, il nostro cervello crea nuove connessioni neurali che rendono quel comportamento o pensiero sempre più automatico e naturale. Per implementare con successo il concetto dei 21 giorni per il cambiamento nella propria vita, è essenziale identificare chiaramente l'obiettivo desiderato e creare un piano d'azione dettagliato per raggiungerlo. Questo piano dovrebbe includere piccoli passaggi realistici che possiamo intraprendere quotidianamente per avvicinarci al nostro obiettivo. È importante anche impegnarsi a praticare la consistenza e la perseveranza durante questo periodo, affrontando le sfide con resilienza e determinazione. Esistono numerosi esempi di cambiamenti positivi che possono essere implementati utilizzando il concetto dei 21 giorni per il cambiamento. Ad esempio, se desideriamo smettere di fumare, potremmo impegnarci a praticare tecniche di rilassamento o sostituire l'abitudine del fumo con attività più salutari per almeno 21 giorni consecutivi. Allo stesso modo, se vogliamo migliorare la nostra salute mentale, potremmo dedicare 21 giorni alla pratica della gratitudine o della meditazione. Una volta intrapreso il viaggio verso il cambiamento, è cruciale mantenere la mente aperta e flessibile. Ogni individuo è unico, e ciò che funziona per una persona potrebbe non funzionare per un'altra. È fondamentale adattare il processo di cambiamento alle proprie esigenze e alla propria situazione unica.

Consigli per Affrontare le Sfide durante i 21 Giorni di Cambiamento

Durante il percorso dei 21 giorni per il cambiamento, è inevitabile che si incontrino ostacoli e sfide. È importante affrontare queste sfide con resilienza e determinazione, utilizzando strategie specifiche per superarle. Ecco alcuni consigli utili per affrontare le sfide durante i 21 giorni di cambiamento:

Identifica le Fonti di Resistenza: Cerca di individuare le fonti di resistenza o ostacoli che potrebbero ostacolare il tuo processo di cambiamento. Queste potrebbero essere abitudini radicate, influenze esterne negative o sfide personali. Una volta identificate, puoi sviluppare strategie specifiche per affrontarle in modo efficace.
Crea un Piano di Gestione dello Stress: Il cambiamento può essere stressante, e durante i 21 giorni potresti incontrare momenti di tensione e ansia. Prepara un

piano di gestione dello stress che includa tecniche come la respirazione profonda, la meditazione, lo yoga o l'esercizio fisico. Utilizza queste tecniche per calmare la mente e ristabilire l'equilibrio interiore quando ti senti sopraffatto.

Crea un Sistema di Supporto: Raggiungi amici, familiari o altri individui di supporto che possano incoraggiarti e sostenerti durante il tuo viaggio di cambiamento. Condividi le tue sfide e i tuoi successi con loro, e lascia che ti sostengano quando ne hai bisogno. Avere un sistema di supporto solido può fare la differenza tra il successo e il fallimento nel raggiungere i tuoi obiettivi.

Cambia Prospettiva: Quando incontri difficoltà durante i 21 giorni di cambiamento, cerca di cambiare prospettiva. Guarda le sfide come opportunità per imparare e crescere, anziché come ostacoli insormontabili. Visualizza te stesso già in possesso del cambiamento desiderato e sfrutta questo pensiero positivo per motivarti a superare le difficoltà.

Ricorda il Tuo Perché: Durante i momenti di difficoltà, ricorda sempre perché hai iniziato questo viaggio di cambiamento in primo luogo. Qual è la tua motivazione principale? Che benefici speravi di ottenere? Mantieni viva la tua motivazione ricordando costantemente il tuo "perché" e utilizzandolo come fonte di ispirazione e determinazione.

Esempi di Implementazione del Concetto dei 21 Giorni per il Cambiamento

Per comprendere meglio come applicare il concetto dei 21 giorni per il cambiamento nella pratica, consideriamo alcuni esempi specifici di cambiamenti positivi che possono essere implementati utilizzando questo approccio:

Esempio 1: Migliorare la Produttività al Lavoro

Obiettivo: Aumentare la produttività al lavoro attraverso una migliore gestione del tempo e una maggiore concentrazione.

Strategia:

Giorno 1-7: Identifica le tue attività prioritarie e pianifica la tua giornata in anticipo.

Giorno 8-14: Pratica la tecnica del "Pomodoro" per migliorare la concentrazione e la produttività.

Giorno 15-21: Valuta i tuoi progressi e apporta eventuali aggiustamenti al tuo approccio.

Esempio 2: Migliorare la Salute Mentale

Obiettivo: Promuovere la salute mentale attraverso la pratica della gratitudine e della mindfulness.

Strategia:

Giorno 1-7: Tieni un diario della gratitudine e annota tre cose per cui sei grato ogni giorno.

Giorno 8-14: Dedica 10 minuti al giorno alla pratica della mindfulness o della meditazione.

Giorno 15-21: Rifletti sui benefici che hai sperimentato durante il periodo e considera l'integrazione di queste pratiche nella tua routine quotidiana a lungo termine.

Il concetto dei 21 giorni per il cambiamento offre un approccio pratico e accessibile per avviare e mantenere cambiamenti positivi nella nostra vita. Attraverso la ripetizione costante e la consistenza, possiamo modellare nuove abitudini e modelli mentali che ci aiutano a raggiungere i nostri obiettivi e vivere una vita più soddisfacente e appagante.
Tuttavia, il viaggio del cambiamento non termina dopo 21 giorni; è piuttosto il punto di partenza per un processo continuo di crescita e sviluppo personale. Una volta completati i 21 giorni, è importante mantenere viva la determinazione e l'impegno nel perseguire i nostri obiettivi a lungo termine. Guardando avanti, possiamo continuare a sfruttare il potere dei 21 giorni per implementare nuovi cambiamenti nella nostra vita e crescere come individui. Con perseveranza, resilienza e una visione chiara del futuro che desideriamo creare, possiamo raggiungere il nostro pieno potenziale e vivere una vita piena di significato e realizzazione.

Ecco ulteriori consigli per affrontare il viaggio dei 21 giorni per il cambiamento e rendere questo processo ancora più efficace:

Sii Flessibile nell'Approccio: Non esiste un approccio universale per il cambiamento. Sii disposto a sperimentare e adattare le tue strategie in base alle tue esperienze e alle tue esigenze personali. Ciò che funziona per qualcun altro potrebbe non funzionare per te, quindi cerca di trovare ciò che è più efficace per te.

Mantieni un Registro dei Progressi: Tenere traccia dei tuoi progressi può essere estremamente motivante durante il processo di cambiamento. Tieni un diario o utilizza un'app per registrare i tuoi successi, le tue sfide e le tue esperienze quotidiane. Guardare indietro e vedere quanto sei cresciuto può darti la spinta di cui hai bisogno per continuare.

Cerca Ispirazione Esterna: Cerca fonti di ispirazione esterna che possano sostenerti nel tuo viaggio di cambiamento. Leggi libri motivazionali, ascolta podcast, guarda video motivazionali o partecipa a incontri di gruppo con persone che condividono i tuoi obiettivi. L'ispirazione esterna può aiutarti a rimanere focalizzato e motivato nel perseguire i tuoi sogni.

Pratica l'Auto-Compassione: Il processo di cambiamento può essere difficile e pieno di alti e bassi. Sii gentile con te stesso e pratica l'auto-compassione durante questo periodo. Accetta che ci saranno momenti di caduta e che fare errori fa parte del processo di apprendimento. Trattati con la stessa gentilezza e compassione che riserveresti a un amico in difficoltà.

Cerca il Significato Profondo: Rifletti sul significato più profondo del cambiamento che stai cercando di apportare nella tua vita. Chiediti perché questo cambiamento è importante per te e quali valori fondamentali rappresenta. Connettere il tuo cambiamento a un significato più ampio può darti una motivazione extra per perseverare quando le cose si fanno difficili.

Coinvolgi gli Altri: Condividi il tuo viaggio di cambiamento con gli altri e coinvolgi persone significative nella tua vita. Chiedi il loro sostegno e incoraggiamento, e coinvolgili attivamente nel tuo processo di cambiamento. Condividere il tuo viaggio con gli altri può rendere l'esperienza più significativa e motivante.

Celebra i Successi: Ogni piccolo successo merita di essere celebrato lungo il cammino del cambiamento. Fai festa per ogni traguardo raggiunto, per ogni obiettivo completato e per ogni passo avanti che fai verso il tuo cambiamento desiderato. Celebrare i successi ti aiuterà a mantenere alta la motivazione e a rendere il tuo viaggio di cambiamento più gratificante e gioioso.

Il viaggio dei 21 giorni per il cambiamento è un'opportunità per trasformare la tua vita e raggiungere il tuo pieno potenziale. Con impegno, resilienza e una visione chiara dei tuoi obiettivi, puoi utilizzare questo periodo di tempo per apportare cambiamenti duraturi nella tua vita. Ricorda che il cambiamento richiede tempo, pazienza e dedizione, ma con determinazione e consapevolezza puoi superare qualsiasi sfida e raggiungere qualsiasi obiettivo ti proponi. Sii gentile con te stesso lungo il cammino e ricorda che ogni piccolo passo avanti ti avvicina sempre di più alla persona che desideri diventare.

Durante i 21 giorni per il cambiamento, avviene un processo intricato nel cervello che coinvolge la formazione di nuove connessioni neurali e il rafforzamento di quelle esistenti. Questo processo è noto come neuroplasticità, e rappresenta la capacità del cervello di modificare la sua struttura e le sue funzioni in risposta all'esperienza e all'apprendimento.

Quando ci impegniamo costantemente in un nuovo comportamento o pensiero per un periodo prolungato, il cervello inizia a rispondere a questa attività attraverso una serie di cambiamenti neurali. Questi cambiamenti includono la formazione di nuove sinapsi, che sono le connessioni tra i neuroni, e il rafforzamento delle sinapsi esistenti. In questo modo, il cervello si adatta per supportare e facilitare l'esecuzione del nuovo comportamento o pensiero.

Il processo di formazione delle nuove connessioni neurali avviene attraverso una serie di passaggi:

Eccitazione Neurale: Quando ci impegniamo in un nuovo comportamento o pensiero, i neuroni nel nostro cervello vengono attivati e iniziano a trasmettere segnali attraverso le loro sinapsi. Questo porta all'eccitazione delle cellule neuronali coinvolte nel processo.

Segnalazione Chimica: Durante l'eccitazione neurale, i neuroni rilasciano sostanze chimiche chiamate neurotrasmettitori nelle loro sinapsi. Questi neurotrasmettitori viaggiano attraverso lo spazio sinaptico e si legano ai recettori sui neuroni post-sinaptici, innescando una serie di reazioni chimiche all'interno di questi neuroni.

Cambiamenti Neuronali: L'attivazione dei recettori sui neuroni post-sinaptici porta a cambiamenti nella loro struttura e funzione. Questi cambiamenti possono includere l'apertura di canali ionici, l'attivazione di proteine intracellulari e la modulazione dell'espressione genica. In risposta a queste modifiche, il neurone post-sinaptico può diventare più sensibile ai segnali provenienti dal neurone pre-sinaptico e può trasmettere più facilmente l'informazione.

Consolidamento della Memoria: Durante il processo di formazione delle nuove connessioni neurali, viene anche attivato il consolidamento della memoria. Questo è il processo attraverso il quale le esperienze vengono convertite in memoria a lungo termine attraverso la ristrutturazione delle connessioni sinaptiche. Le nuove connessioni neurali formate durante i 21 giorni di cambiamento contribuiscono a questo processo di consolidamento, facilitando il ricordo e il richiamo del nuovo comportamento o pensiero in futuro.   In sintesi, durante i 21 giorni per il cambiamento, il cervello subisce un processo di adattamento e apprendimento attraverso la formazione di nuove connessioni neurali e il rafforzamento delle connessioni esistenti. Questo processo è fondamentale per consolidare il nuovo comportamento o pensiero nella nostra routine quotidiana e per facilitare il cambiamento a lungo termine.

La connessione tra la scienza del cambiamento personale e la fisica quantistica è un argomento intrigante e dibattuto. Sebbene sia importante sottolineare che la maggior parte degli studiosi considera la neuroplasticità e la fisica quantistica come campi separati della scienza, ci sono alcune interessanti sovrapposizioni concettuali che possono essere esplorate.

In breve, la fisica quantistica è lo studio delle particelle subatomiche e dei loro comportamenti, che spesso sfidano l'intuizione della fisica classica. Alcuni dei principi fondamentali della fisica quantistica, come l'interdipendenza tra osservatore e osservato e il concetto di sovrapposizione degli stati, possono essere interpretati in modo metaforico e applicati al processo di cambiamento personale. Una delle analogie più comuni è l'idea che la mente e la realtà siano interconnesse in modo simile alla relazione tra l'osservatore e l'osservato nella fisica quantistica. Secondo questa interpretazione, il modo in cui percepiamo e interpretiamo il mondo influisce direttamente sulla realtà che sperimentiamo. Questo concetto può essere applicato al cambiamento personale nel senso che il modo in cui percepiamo noi stessi e il nostro ambiente può influenzare la nostra capacità di apportare cambiamenti positivi nella nostra vita. Un altro concetto che può essere collegato al cambiamento personale è quello di sovrapposizione degli stati. Nella fisica quantistica, questo principio si riferisce al fatto che una particella può esistere contemporaneamente in più stati fino a quando non viene osservata o misurata, momento in cui collassa in uno stato definito. In termini di cambiamento personale, questo concetto potrebbe essere interpretato nel senso che ogni individuo ha il potenziale per esistere in molteplici "stati" o possibilità, e attraverso l'osservazione consapevole e l'azione intenzionale, possono "collassare" in uno stato desiderato di cambiamento e trasformazione.

Tuttavia, è importante sottolineare che queste analogie sono principalmente metaforiche e che non vi è alcuna prova empirica diretta che la fisica quantistica giochi un ruolo attivo nel processo di cambiamento personale. La neuroplasticità, che è supportata da ampie evidenze scientifiche, fornisce un quadro più solido e concreto per comprendere come avvengono i cambiamenti nel cervello e nel comportamento umano.

In conclusione, sebbene ci siano affascinanti analogie tra la fisica quantistica e il cambiamento personale, è importante adottare un approccio critico e basato sull'evidenza quando si esplorano tali connessioni. La neuroplasticità rimane uno dei principali meccanismi attraverso i quali avviene il cambiamento nel cervello e nel comportamento umano, offrendo una base solida per comprendere e promuovere la trasformazione personale.

Manipolazione Mentale e Linguistica Positiva

Le parole, quelle che pronunciamo e quelle che ascoltiamo, hanno un potere insito che va oltre la loro semplice definizione nel dizionario. Esse sono veicoli di significato, ma anche di emozioni, intenzioni e influenze. Nel corso della storia, abbiamo visto come il potere delle parole sia stato utilizzato per plasmare l'opinione pubblica, influenzare le decisioni politiche e trasformare intere società. Tuttavia, il potere delle parole può anche essere utilizzato a livello personale, per influenzare il nostro stato d'animo, le nostre azioni e persino il nostro destino.

In questo capitolo, esploreremo il concetto di manipolazione mentale e linguistica positiva. Non si tratta di manipolazione nel senso negativo del termine, ma piuttosto dell'abilità di utilizzare il linguaggio in modo etico e consapevole per influenzare positivamente noi stessi e gli altri. Esamineremo gli schemi di linguaggio positivo e impareremo come utilizzarli per migliorare la nostra comunicazione, potenziare il nostro benessere mentale e creare relazioni più soddisfacenti e significative.

Andiamo a conoscere i manipolatori:

Le Cinque Forme di Manipolazione Affettiva

Nella complessità delle relazioni umane, emerge spesso la presenza di dinamiche manipolative che possono danneggiare profondamente l'equilibrio emotivo e psicologico di un individuo. La manipolazione affettiva, in particolare, è una forma subdola di controllo che si manifesta attraverso una serie di tattiche volte a influenzare il pensiero, il comportamento e le emozioni di un'altra persona. In questo capitolo, esploreremo le cinque forme di manipolazione affettiva più comuni: il senso di colpa come tattica, l'aggressività passiva, il fare leva sulle insicurezze, il manipolare la realtà (noto anche come Gaslighting) e il cambiare continuamente le aspettative.

Il Senso di Colpa come Tattica:

Il senso di colpa è uno strumento potente utilizzato da manipolatori abili per ottenere ciò che vogliono dalla loro vittima. Questa forma di manipolazione si manifesta attraverso l'attribuzione di responsabilità e colpa per eventi o situazioni che potrebbero non essere direttamente riconducibili all'individuo manipolato. Il manipolatore può sfruttare sensi di colpa preesistenti o creare nuove colpe attraverso il controllo delle informazioni e la distorsione della realtà. Ad esempio, un partner manipolativo potrebbe accusare l'altro di essere egoista per perseguire i propri interessi, anche se tali interessi sono del tutto legittimi. Il risultato è un senso di colpa che spinge la vittima a conformarsi alle richieste del manipolatore, alimentando un ciclo di dipendenza emotiva e controllo.

Aggressività Passiva:

L'aggressività passiva è una forma subdola di manipolazione che si manifesta attraverso comportamenti apparentemente passivi o innocui, ma che in realtà hanno l'obiettivo di controllare o manipolare gli altri. Questo tipo di manipolazione è spesso caratterizzato da una mancanza di comunicazione diretta e dalla manifestazione di rabbia o ostilità in modi indiretti. Ad esempio, una persona potrebbe ostentare una falsa gentilezza o fare promesse che non ha intenzione di mantenere, al fine di evitare conflitti diretti ma allo stesso tempo ottenere ciò che desidera. L'aggressività passiva può essere estremamente dannosa perché mina la fiducia e la trasparenza nelle relazioni, creando un clima di tensione e ambiguità.

Fare Leva sulle Insicurezze:

Un'altra forma comune di manipolazione affettiva è quella di fare leva sulle insicurezze emotive e psicologiche della vittima. Il manipolatore identifica le vulnerabilità dell'altro e le sfrutta per ottenere il controllo o l'approvazione desiderata. Questo può includere critiche costanti, commenti denigratori o la promessa di supporto condizionato al soddisfacimento delle richieste del manipolatore. Ad esempio, un genitore manipolativo potrebbe sminuire costantemente le capacità del figlio, minando così la sua autostima e rendendolo dipendente dal suo giudizio e approvazione. Fare leva sulle insicurezze è particolarmente dannoso perché alimenta un senso di inadeguatezza e indebolisce la capacità della vittima di difendersi.

Manipolare la Realtà o Gaslighting:

Il Gaslighting è una forma estremamente insidiosa di manipolazione affettiva in cui il manipolatore cerca attivamente di distorto la percezione della realtà della vittima. Questo può includere negare o minimizzare gli eventi, invertire il ruolo di colpevolezza o addirittura inventare situazioni completamente false al fine di far dubitare della propria memoria e percezione. Il risultato è una profonda confusione e un senso di alienazione dalla realtà, poiché la vittima inizia a dubitare delle proprie esperienze e percezioni. Il Gaslighting può avere conseguenze devastanti sulla salute mentale della vittima, portando a depressione, ansia e perdita di fiducia in sé stessi.

Cambiare Continuamente le Aspettative:

Infine, una forma subdola di manipolazione affettiva è quella di cambiare continuamente le aspettative della vittima, creando così un senso di instabilità e confusione. Il manipolatore può stabilire standard irraggiungibili o regole arbitrarie che cambiano costantemente, rendendo impossibile per la vittima soddisfare le sue richieste. Questo può includere cambiamenti repentini di umore, richieste contraddittorie o rinegoziazioni costanti degli accordi precedentemente stabiliti. Il risultato è un senso di impotenza e frustrazione da parte della vittima, che si sente costantemente in colpa per non essere in grado di soddisfare le aspettative sempre mutevoli del manipolatore.

In conclusione, le cinque forme di manipolazione affettiva descritte in questo capitolo rappresentano solo una parte della complessità delle dinamiche relazionali. È importante riconoscere e comprendere queste tattiche manipolative al fine di proteggere sé stessi e gli altri dalle conseguenze dannose di relazioni tossiche e disfunzionali. La consapevolezza è il primo passo verso la prevenzione e la guarigione, e il riconoscimento di queste forme di manipolazione può fornire una base per relazioni più sane e autentiche basate sulla fiducia, il rispetto e la reciproca comprensione.

Messaggi Tipici di un Manipolatore: La Sottile Arte della Coercizione Emotiva

Nell'oscuro e intricato labirinto delle relazioni umane, i manipolatori si stagliano come figure ambigue, maestri nell'arte sottile della coercizione emotiva. Attraverso messaggi subdoli e astuti, essi plasmano le percezioni e le azioni delle loro vittime, incanalando le loro emozioni e il loro comportamento verso i propri scopi egoistici. In questa disamina, esploreremo alcuni dei messaggi tipici di un manipolatore, rivelandone la complessità e il danno che possono infliggere.

1. L'Isolamento Emotivo:
Il manipolatore intende creare una dipendenza emotiva dalla vittima, cercando di isolare la persona dal suo ambiente sociale e familiare. Con messaggi come "Solo io ti capisco davvero" o "Gli altri non ti amano come faccio io", il manipolatore cerca di minare la fiducia della vittima nelle relazioni esistenti, posizionandosi come l'unica fonte di sostegno e comprensione. Questo isolamento impedisce alla vittima di ricevere supporto esterno e la rende più suscettibile al controllo manipolativo.

2. La Colpa e il Pentimento:

Attraverso messaggi insidiosi di colpa e pentimento, il manipolatore cerca di minare la fiducia e l'autostima della vittima. Frasi come "Sei così egoista" o "Non mi ami abbastanza da fare questo per me" sono strumenti utilizzati per costringere la vittima a cedere ai desideri del manipolatore. Questa strategia indebolisce gradualmente la volontà della vittima, inducendola a compiacere costantemente il manipolatore per evitare sentimenti di colpa e vergogna.

3. La Manipolazione Emotiva:

Con abili giochi psicologici, il manipolatore manipola le emozioni della vittima per ottenere ciò che desidera. Utilizzando messaggi come "Se mi ami davvero, lo farai per me" o "Mi fai sentire così triste quando non fai ciò che dico", il manipolatore sfrutta il legame emotivo per ottenere il controllo e la conformità della vittima. Questo approccio subdolo mina l'autonomia e la libertà della vittima, costringendola ad agire in conformità con i desideri del manipolatore.

4. Il Narcisismo Egoistico:

Il manipolatore può anche alimentare il proprio ego attraverso messaggi che enfatizzano la superiorità e l'importanza personale. Con frasi come "Senza di me, saresti persa" o "Sono l'unico che può farti felice", il manipolatore cerca di soffocare la fiducia e l'indipendenza della vittima, creando dipendenza emotiva e sostegno per la propria figura. Questa forma di manipolazione nutre il narcisismo del manipolatore, mentre indebolisce ulteriormente la vittima.

I messaggi tipici di un manipolatore sono stratagemmi insidiosi che minano la fiducia, l'autostima e l'indipendenza della vittima. Attraverso l'isolamento emotivo, la manipolazione psicologica, la colpa e il narcisismo egoistico, il manipolatore esercita un controllo subdolo sulla mente e sul cuore della vittima, imprigionandola in un ciclo tossico di dipendenza e sottomissione. Riconoscere e resistere a questi messaggi è fondamentale per proteggere la propria integrità emotiva e riprendere il controllo della propria vita dalle grinfie del manipolatore.

Mettere in difficoltà un manipolatore e fermarne le azioni richiede consapevolezza, forza mentale e strategie efficaci. Qui di seguito, esploreremo alcuni modi pratici per contrastare la manipolazione e proteggere sé stessi dalle tattiche manipolative.

Conoscere i propri diritti fondamentali:

Il primo passo per mettere in difficoltà un manipolatore è comprendere i propri diritti fondamentali. Questo include il diritto di essere rispettati, trattati con dignità e di non essere soggetti a abusi o manipolazioni. Imparare ad affermare i propri confini e ad esigere il rispetto delle proprie esigenze e desideri è essenziale per contrastare le tattiche manipolative.

Mantenere la distanza:
Una delle strategie più efficaci per fermare un manipolatore è mantenere la distanza emotiva e fisica. Questo può significare ridurre al minimo o interrompere completamente il contatto con il manipolatore, specialmente se la relazione è tossica o dannosa. Creare spazio tra sé e il manipolatore consente di riacquistare autonomia e chiarezza mentale per valutare la situazione in modo obiettivo.

Evitare di sentirsi in colpa:

I manipolatori spesso cercano di sfruttare il senso di colpa delle loro vittime per ottenere ciò che vogliono. È importante riconoscere che non si è responsabili delle azioni o dei sentimenti degli altri e non cedere alla manipolazione basata sul senso di colpa. Affermare i propri diritti e bisogni senza vergogna o remore è fondamentale per contrastare le tattiche manipolative.

Fategli delle domande:

Quando ci si trova di fronte a comportamenti manipolativi, fare domande al manipolatore può metterlo in difficoltà e portare alla luce le sue vere intenzioni. Chiedere chiarimenti su ciò che è stato detto o fatto può costringere il manipolatore a confrontarsi con le proprie azioni e a rendersi conto che non può controllare o manipolare gli altri a suo piacimento.

Utilizzare il tempo a proprio favore:

Prendersi il tempo necessario per valutare la situazione e riflettere sulle proprie emozioni e intenzioni è cruciale per contrastare la manipolazione. Non lasciarsi trascinare dalle richieste o dalle pressioni del manipolatore, ma prendere decisioni ponderate e informate in base alle proprie esigenze e valori.

Dite "no" con fermezza:

Imparare a dire "no" con fermezza e chiarezza è essenziale per proteggere sé stessi dalle tattiche manipolative. Non cedere alle richieste o ai comportamenti manipolativi del manipolatore, ma affermare i propri confini e difendere i propri diritti con risolutezza e determinazione.

Mettere in difficoltà un manipolatore e fermarne le azioni richiede determinazione, consapevolezza e strategie efficaci. Conoscere i propri diritti fondamentali, mantenere la distanza emotiva e fisica, evitare di sentirsi in colpa, fare domande al manipolatore, utilizzare il tempo a proprio favore e dire "no" con fermezza sono solo alcune delle strategie che possono essere adottate per contrastare la manipolazione e proteggere sé stessi dalle tattiche manipolative. È importante rimanere vigili e assertivi nelle relazioni interpersonali per mantenere la propria autonomia e integrità.

Il manipolatore, in generale, è solitamente disturbato da qualsiasi cosa minacci il suo senso di controllo e potere sulle persone che lo circondano. Ecco alcune cose che possono infastidire un manipolatore:

Rifiuto o Indifferenza: Come hai menzionato, l'indifferenza è un'arma potente contro il manipolatore. Essi desiderano l'attenzione e la reazione degli altri, quindi quando vengono ignorati o trattati con indifferenza, possono sentirsi impotenti e frustrati.

Critiche o Confronto: I manipolatori spesso cercano di mantenere il loro dominio sugli altri evitando qualsiasi forma di critica o confronto. Quando vengono messi sotto i riflettori o criticati per il loro comportamento manipolativo, possono reagire con rabbia o frustrazione.

Perdita di Controllo: Poiché il controllo è fondamentale per il manipolatore, qualsiasi situazione in cui perdono il controllo o non ottengono ciò che desiderano può essere estremamente sconvolgente per loro.

Conoscenza delle loro Tattiche: Quando le persone intorno a loro diventano consapevoli delle loro tattiche manipolative e imparano a riconoscerle, il manipolatore può sentirsi minacciato e frustrato nel suo tentativo di mantenere il controllo.

Empatia e Autenticità: I manipolatori spesso manipolano gli altri sfruttando la loro empatia o fingendo di essere autentici. Tuttavia, quando incontrano persone genuine e autentiche che non sono facilmente manipolabili, possono sentirsi sfidati e perdere il loro potere.

Inoltre, è importante notare che il comportamento manipolativo può derivare da una varietà di cause, tra cui insicurezza, bisogno di controllo, mancanza di empatia, e altro ancora. Affrontare un manipolatore richiede comprensione e, in molti casi, la creazione di confini sani e la ricerca di supporto da parte di professionisti qualificati.

Il Potere delle Parole

Le parole sono una delle armi più potenti a nostra disposizione. Possono sollevare l'animo, ispirare azioni eroiche e cambiare il corso della storia. Ma possono anche ferire, distruggere la fiducia e seminare il caos. È importante comprendere Il potere delle parole e utilizzarle in modo responsabile e consapevole.   Le parole hanno il potere di plasmare la nostra realtà. Quando parliamo di una situazione in modo negativo, tendiamo a percepire quella situazione in modo negativo. Al contrario, quando parliamo di una situazione in modo positivo, tendiamo a percepire quella situazione in modo positivo. Questo fenomeno è noto come effetto linguistico e dimostra quanto il nostro linguaggio influenzi il nostro pensiero e il nostro comportamento.

LA MANIPOLAZIONE ATTRAVERSO IL LINGUAGGIO

Attraverso l'uso del linguaggio, infatti, è possibile esercitare un certo grado di influenza sulle opinioni e sui comportamenti degli altri, come può avvenire ad esempio nel campo della pubblicità. Gli stratagemmi che vengono usati da chi usa la manipolazione linguistica spesso si basano su principi di condizionamento molto sottili, ma spesso molto efficaci, dei quali si può anche non essere consapevoli.

Alcune delle principali tecniche di manipolazione linguistica

Conoscere le tecniche della manipolazione linguistica può rappresentare il primo passo per imparare a fronteggiarle.

Ecco, allora, alcune delle più diffuse:

l'uso di frasi ambigue = si tratta di frasi che contengono informazioni corrette ma estremamente parziali che non consentono di avere una visione completa di quanto descritto. Ad esempio dire che un prodotto è "clinicamente testato" induce a pensare che è stato verificato che il prodotto non ha effetti nocivi. In realtà, però, nessuno ha descritto i risultati dei test, che potrebbero essere anche negativi.

l'uso di comparativi senza termini di paragone = ne è un esempio la frase "fare questa cosa ti renderà più felice", ma più felice rispetto a cosa? E ci sono anche altre cose che potrebbero rendere "più felice"? la ripetizione = le persone provano noia e ascoltano in modo sempre più disattento. In questo modo si crea una percezione di familiarità, diminuiscono le difese e la propria capacità critica. Di conseguenza, aumenta la probabilità di accettare il messaggio.

focalizzazione sugli aspetti positivi = la frase "l'operazione ha il 90% di possibilità di successo" produce sicuramente maggiore tranquillità rispetto alla frase "l'operazione ha il 10% delle possibilità di fallimento"

mettere in sequenza più frasi = in questo modo le due frasi sembreranno collegate anche senza esplicitare alcuna relazione. Esempio: leggendo la frase "Passa un inverno senza ammalarti. Compra il prodotto x" si potrebbe pensare che usando il prodotto x si eviterà la malattia.

l'utilizzo delle frasi in forma negativa = prendiamo in considerazione la frase "Bob è innocente" e la frase "Bob NON è colpevole". Anche se da un punto di vista logico le due frasi sono equivalenti, è stato dimostrato che se viene utilizzata una formulazione al negativo (come nella seconda frase) molte persone tendono a manifestare una valutazione negativa su Bob. Probabilmente questo fenomeno dipende dal fatto che la frase al negativo risulta più complessa da elaborare e quindi, soprattutto in situazioni di stanchezza o di scarsa motivazione, si effettua un'elaborazione superficiale e distorta.

porre le parole secondo un preciso ordine = uno degli elementi più importanti da considerare in questo caso è il soggetto della frase, sul quale solitamente si focalizza di più l'attenzione delle persone. Dire "LUI uscì con lei dal locale" non è la stessa cosa di "LEI uscì con lui dal locale". Se questa frase viene usata per la ricostruzione degli eventi in un caso di violenza sessuale, quando il soggetto è "lei", alla donna tende ad essere attribuita una maggiore colpevolezza, anche se i fatti descritti sono identici nei due casi.

La Potenza del Linguaggio: Tecniche di Manipolazione e Strumenti di Difesa

Il linguaggio è un potente mezzo di comunicazione che può essere utilizzato per influenzare le opinioni, i comportamenti e persino il destino di individui e comunità. Tuttavia, con questa potenza sorgono anche rischi, poiché il linguaggio può essere sfruttato per manipolare e condizionare le persone in modi subdoli e impercettibili.

Le parole hanno il potere di cambiare il corso della vita di una persona, aprendo nuove possibilità o generando conflitti e sofferenze. Possono motivare e ispirare, ma anche confondere e danneggiare. La manipolazione attraverso il linguaggio è un fenomeno diffuso che si manifesta in vari contesti, dalla pubblicità alla politica, dalle relazioni personali al mondo del lavoro.

Per riconoscere e difendersi dalla manipolazione linguistica, è essenziale comprendere le tecniche e le strategie utilizzate dai manipolatori. Qui di seguito, esploreremo alcune di queste tecniche e forniremo suggerimenti su come identificarle e contrastarle efficacemente.

Spostamento dell'Attenzione e Inversione dei Fattori

Questa tecnica consiste nel modificare sottilmente l'attenzione dell'interlocutore e invertire i fattori in gioco per influenzare la percezione di una situazione. Ad esempio, la formulazione di una domanda può portare a risultati completamente diversi a seconda di come vengono presentati i fattori in gioco. Un esempio emblematico è la storia dei due novizi che chiedono al priore del convento se possono fumare durante la preghiera. La diversa formulazione delle loro richieste porta a risposte completamente opposte, dimostrando come un semplice cambio di prospettiva possa influenzare il risultato finale.

Focalizzazione Positiva

Questa tecnica mira a indurre l'interlocutore a concentrarsi esclusivamente sugli aspetti positivi di una situazione o decisione, ignorando o minimizzando gli aspetti negativi. Utilizzando un linguaggio che enfatizza i benefici e le potenzialità, i manipolatori possono influenzare le percezioni e le scelte delle persone. Ad esempio, descrivere un investimento come "dinamico" e con il "70% di possibilità di successo" crea un'immagine positiva, anche se non menziona i rischi associati.

Frasi Ambigue o Parziali

L'ambiguità è un alleato prezioso per i manipolatori, poiché consente loro di fornire informazioni parziali o fuorvianti senza mentire apertamente. Le frasi ambigue possono generare confusione e indurre le persone a trarre conclusioni errate o incomplete. Ad esempio, dichiarare che un prodotto è "clinicamente testato" senza fornire ulteriori dettagli può far presumere che sia sicuro ed efficace, anche se i risultati dei test non sono stati divulgati.

Ripetizione

La ripetizione di parole o concetti può indurre l'interlocutore a diventare sempre più disattento e suscettibile all'influenza. Questa tecnica sfrutta la familiarità e la percezione di autorevolezza che deriva dalla ripetizione costante di un messaggio. Nell'era dei media di massa, la ripetizione è un'arma potente utilizzata nelle televendite, nell'informazione e nella propaganda politica per plasmare le opinioni del pubblico.

Sequenze Funzionali

Questa tecnica prevede il posizionamento strategico di frasi non strettamente correlate tra loro al fine di suscitare associazioni mentali specifiche senza esporsi a critiche dirette. Le frasi appaiono collegate anche se il legame causale non è esplicitato, manipolando così le percezioni e le interpretazioni dell'interlocutore. Un esempio comune è la sequenza di due o più frasi che suggeriscono una relazione causa-effetto, anche se non è supportata da prove concrete.

Il linguaggio è uno strumento potente che può essere utilizzato per influenzare e manipolare le persone in modi subdoli e impercettibili. Tuttavia, comprendendo le tecniche di manipolazione linguistica e sviluppando una maggiore consapevolezza, è possibile difendersi da tali forme di condizionamento e proteggere la propria libertà di pensiero e di scelta.

La Forza Costruttiva del Linguaggio: Tecniche di Comunicazione Efficace e Strumenti di Empowerment

Il linguaggio è uno strumento potente che può essere utilizzato non solo per influenzare, ma anche per ispirare, motivare e connettere le persone in modo positivo. Esploriamo ora come possiamo trasformare le tecniche di manipolazione linguistica in opportunità per potenziare le nostre relazioni e migliorare la nostra comunicazione.

Spostamento dell'Attenzione e Valorizzazione dei Fattori

Invece di concentrarci su ciò che manca o su ciò che potrebbe andare storto, possiamo spostare l'attenzione sulle risorse e le potenzialità presenti in una situazione. Ad esempio, anziché lamentarci delle difficoltà di una sfida, possiamo riflettere sulle nostre capacità e sulla determinazione che ci porteranno al successo. Proviamo a esercitarci nel trovare almeno tre aspetti positivi in ogni situazione apparentemente difficile.

Focalizzazione Positiva e Gratitudine
Incoraggiamo gli altri a concentrarsi sugli aspetti positivi della loro vita e delle loro scelte, riconoscendo e apprezzando i loro successi e le loro qualità. Ad esempio, invece di criticare una decisione presa da un amico, possiamo evidenziare i punti di forza della sua scelta e supportarlo nel perseguire i suoi obiettivi. Ogni giorno, dedichiamo un momento a riconoscere tre cose per cui siamo grati nella nostra vita.

Chiarezza e Trasparenza

Comunicare in modo chiaro e trasparente ci permette di evitare ambiguità e fraintendimenti, promuovendo relazioni più sincere e autentiche. Ad esempio, quando forniamo informazioni su un prodotto o servizio, assicuriamoci di essere chiari riguardo ai benefici e alle possibili limitazioni, permettendo alle persone di prendere decisioni consapevoli. Pratichiamo l'arte della comunicazione onesta e diretta in ogni interazione.

Innovazione e Creatività

La ripetizione può generare noia e disinteresse, ma possiamo trasformarla in un'opportunità per stimolare la creatività e l'innovazione. Ad esempio, invece di presentare sempre le stesse idee o concetti, cerchiamo di esplorare nuove prospettive e soluzioni creative per affrontare le sfide che incontriamo. Organizziamo sessioni di brainstorming o esercizi di pensiero laterale per generare idee fresche e originali.

Coerenza e Coerenza Narrativa

Utilizziamo la sequenza delle nostre parole in modo strategico per creare una narrazione coerente e coinvolgente. Ad esempio, quando raccontiamo una storia o condividiamo una visione, assicuriamoci che ogni frase o concetto contribuisca in modo significativo al messaggio complessivo, mantenendo l'attenzione e l'interesse dell'ascoltatore. Pratichiamo l'arte della narrazione efficace, utilizzando sequenze narrative che ispirano e motivano gli altri.

Trasformare le tecniche di manipolazione linguistica in opportunità per comunicare in modo positivo e costruttivo richiede consapevolezza, pratica e impegno costante. Tuttavia, i benefici di una comunicazione empatica, autentica e ispiratrice sono inestimabili, contribuendo a promuovere relazioni più profonde, significative e soddisfacenti nella nostra vita personale e professionale.

Gli Schemi di Linguaggio Positivo

Gli schemi di linguaggio positivo sono modelli di comunicazione che enfatizzano gli aspetti positivi di una situazione o di un'esperienza. Questi schemi possono influenzare il modo in cui percepiamo noi stessi, gli altri e il mondo che ci circonda. Ecco alcuni esempi di schemi di linguaggio positivo:

Gratitudine: Esprimere gratitudine per le piccole cose nella vita può cambiare radicalmente la nostra prospettiva e il nostro stato d'animo. Quando riconosciamo le cose positive che abbiamo nella nostra vita, ci sentiamo più felici, soddisfatti e ottimisti.

Affermazioni: Le affermazioni positive sono dichiarazioni che ci aiutano a concentrarci su ciò che vogliamo ottenere nella vita. Ad esempio, invece di dire "Non sono abbastanza bravo", possiamo dire "Sono capace e competente".

Incitamento: Le parole di incoraggiamento possono essere estremamente potenti nel motivare noi stessi e gli altri a perseguire i propri obiettivi e superare le sfide. Un semplice "Ce la puoi fare!" può fare miracoli nel sollevare lo spirito e aumentare la fiducia in sé stessi.
Empatia: Parlare con empatia e compassione può migliorare significativamente le nostre relazioni interpersonali. Quando siamo in grado di metterci nei panni degli altri e comunicare con compassione, ci avviciniamo di più agli altri e costruiamo legami più profondi e significativi. Utilizzare la Manipolazione Mentale in Modo Etico

La manipolazione mentale, quando utilizzata in modo etico, può essere uno strumento potente per influenzare positivamente noi stessi e gli altri. Tuttavia, è importante utilizzare questo potere con responsabilità e consapevolezza dei nostri intenti. Ecco alcuni suggerimenti su come utilizzare la manipolazione mentale in modo etico:

Sii Autentico: La manipolazione mentale efficace si basa sulla sincerità e sull'autenticità. Cerca di comunicare in modo onesto e trasparente, e non cercare mai di ingannare o manipolare gli altri per ottenere ciò che vuoi.

Ascolta Attivamente: Prima di cercare di influenzare gli altri, è importante ascoltarli attentamente e comprendere le loro esigenze, i loro desideri e le loro preoccupazioni. Quando gli altri si sentono ascoltati e compresi, sono più inclini ad aprirsi alle nostre influenze e suggestioni.

Fornisci Valore: Offri sempre valore alle persone che stai cercando di influenzare. Cerca di comprendere ciò di cui hanno bisogno e di offrire soluzioni o suggerimenti che possano migliorare le loro vite in qualche modo.

Rispetta i Limiti: Rispetta sempre i confini degli altri e non cercare mai di manipolarli o influenzarli contro la loro volontà. Ogni individuo ha il diritto di fare le proprie scelte e prendere le proprie decisioni, e dovremmo rispettare e onorare questo diritto.

Applicare la Manipolazione Mentale e Linguistica Positiva nella Vita Quotidiana

Ora che comprendiamo il potere della manipolazione mentale e linguistica positiva, come possiamo applicarli nella nostra vita quotidiana per ottenere risultati positivi? Ecco alcuni suggerimenti pratici:

Comunicazione Empatica: Pratica la comunicazione empatica con gli altri, cercando di metterti nei loro panni e comprendere le loro prospettive e sentimenti.

Utilizza Affermazioni: Usa affermazioni positive per rafforzare la tua autostima e la tua fiducia in te stesso. Ripeti frasi come "Sono capace", "Posso farcela" e "Merito il successo" per consolidare una mentalità positiva.

Esprime Gratitudine: Esprimi gratitudine per le cose positive nella tua vita ogni giorno. Mantenere un diario della gratitudine può aiutarti a focalizzarti sui lati positivi e a mantenere un atteggiamento ottimista.

Incoraggia gli Altri: Usa le parole di incoraggiamento per sostenere gli altri nelle loro sfide e obiettivi. Mostrare apprezzamento e sostegno può fare una differenza significativa nel motivare gli altri a perseguire i propri sogni.

Sii Consapevole del Linguaggio del Corpo: Oltre alle parole, il linguaggio del corpo può anche essere un potente strumento di comunicazione. Assicurati che il tuo linguaggio del corpo rifletta il tuo messaggio positivo e il tuo atteggiamento aperto e accogliente.

Prospettive Future

Il concetto di manipolazione mentale e linguistica positiva ci offre una nuova prospettiva sul potere delle parole e sul modo in cui possiamo utilizzarle per migliorare la nostra vita e le nostre relazioni. Utilizzando il linguaggio in modo etico e consapevole, possiamo influenzare positivamente noi stessi e gli altri, creando un ambiente di sostegno, fiducia e crescita.

Guardando avanti, possiamo continuare a esplorare e affinare le nostre abilità nell'utilizzare la manipolazione mentale e linguistica positiva per creare un impatto positivo nel mondo che ci circonda. Con un impegno costante e una consapevolezza crescente del potere delle nostre parole, possiamo costruire una vita più gratificante, soddisfacente e significativa per noi stessi e per gli altri.

La Forza Costruttiva del Linguaggio: Tecniche di Comunicazione Efficace e Strumenti di Empowerment

Il linguaggio è molto più di un mezzo per trasmettere informazioni; è uno strumento potente che può plasmare le nostre relazioni, influenzare le nostre percezioni e ispirare azioni significative. In questo saggio, esploreremo come possiamo trasformare le tecniche di manipolazione linguistica in opportunità per potenziare la nostra comunicazione e costruire relazioni più profonde e significative.

Spostamento dell'Attenzione e Valorizzazione dei Fattori

Una delle chiavi per una comunicazione efficace è lo spostamento dell'attenzione dai problemi alle soluzioni. Invece di concentrarci sui difetti di una situazione, possiamo allenarci a riconoscere e valorizzare le risorse e le potenzialità presenti. Questo non solo ci aiuta a mantenere uno spirito ottimista, ma ci spinge anche a trovare soluzioni creative ai problemi. Un esercizio pratico consiste nel trovare almeno tre aspetti positivi in ogni situazione apparentemente difficile. Ad esempio, se affrontiamo una sfida sul lavoro, anziché lamentarci delle difficoltà, possiamo riflettere sulle nostre capacità e sulla determinazione che ci porteranno al successo.

Focalizzazione Positiva e Gratitudine

Incoraggiare gli altri a concentrarsi sugli aspetti positivi della loro vita è un modo potente per creare connessioni più profonde. Riconoscere e apprezzare i successi e le qualità degli altri non solo li fa sentire apprezzati, ma li motiva anche a perseguire i loro obiettivi con maggiore determinazione. Un esercizio pratico è quello di dedicare un momento ogni giorno per riconoscere tre cose per cui siamo grati nella nostra vita. Questo ci aiuta a coltivare un atteggiamento di gratitudine e apprezzamento, che a sua volta influisce positivamente sulle nostre relazioni.

Chiarezza e Trasparenza

La chiarezza e la trasparenza sono fondamentali per una comunicazione efficace. Comunicare in modo chiaro e diretto ci permette di evitare fraintendimenti e malintesi, promuovendo relazioni più sincere e autentiche. Un esempio pratico è quando forniamo informazioni su un prodotto o servizio. Assicuriamoci di essere chiari riguardo ai benefici e alle possibili limitazioni, permettendo alle persone di prendere decisioni consapevoli. La pratica costante dell'onestà e della trasparenza nella comunicazione crea un clima di fiducia e apertura nelle relazioni.

Innovazione e Creatività

La creatività è essenziale per affrontare le sfide in modo efficace. Possiamo trasformare la noia e la monotonia in opportunità per stimolare la nostra creatività e innovazione. Un esempio pratico è quello di organizzare sessioni di brainstorming o esercizi di pensiero laterale per generare idee fresche e originali. Invece di presentare sempre le stesse idee o concetti, cerchiamo di esplorare nuove prospettive e soluzioni creative. Questo non solo ci aiuta a risolvere i problemi in modo più efficace, ma anche a mantenere viva la nostra passione e motivazione.

Coerenza e Coerenza Narrativa

Utilizzare la narrazione in modo strategico è fondamentale per coinvolgere e ispirare gli altri. Quando raccontiamo una storia o condividiamo una visione, assicuriamoci che ogni frase o concetto contribuisca in modo significativo al messaggio complessivo. Questo non solo rende la nostra comunicazione più efficace, ma anche più coinvolgente e memorabile. Praticare l'arte della narrazione efficace ci aiuta a trasmettere le nostre idee in modo chiaro e convincente, ispirando e motivando gli altri.

Trasformare le tecniche di manipolazione linguistica in opportunità per comunicare in modo positivo e costruttivo richiede pratica e impegno costante. Tuttavia, i benefici di una comunicazione empatica, autentica e ispiratrice sono inestimabili, contribuendo a promuovere relazioni più profonde, significative e soddisfacenti nella nostra vita personale e professionale. L'uso consapevole del linguaggio ci permette di creare connessioni più autentiche e di influenzare positivamente il mondo che ci circonda.

Ecco alcuni esercizi pratici per allenarsi nell'utilizzo delle tecniche di comunicazione efficace e empowerment:

1. Esercizio della Gratitudine:

Ogni sera, prima di andare a letto, prenditi qualche minuto per annotare tre cose per cui sei grato nella tua giornata. Potrebbero essere piccole vittorie, momenti di gioia o semplicemente cose che ti hanno fatto sorridere. Questo ti aiuterà a coltivare un atteggiamento di gratitudine e ad apprezzare gli aspetti positivi della tua vita, preparandoti ad incoraggiare anche gli altri a fare lo stesso.

2. Esercizio di Spostamento dell'Attenzione:

Scegli una situazione apparentemente difficile che stai affrontando. Scrivi su un foglio di carta almeno tre aspetti positivi di quella situazione. Può trattarsi di risorse interne che possiedi per superare la sfida, opportunità di crescita personale o le lezioni che puoi imparare dall'esperienza. Questo esercizio ti aiuterà a cambiare prospettiva e a concentrarti sulle soluzioni anziché sui problemi.

3. Esercizio di Narrazione Personale:

Prendi un momento per riflettere sulla tua storia personale e individua tre eventi o momenti significativi che hanno contribuito a formare la persona che sei oggi. Poi, pratica a raccontare questa narrazione in modo chiaro e coinvolgente, assicurandoti che ogni dettaglio contribuisca alla tua visione complessiva. Questo esercizio ti aiuterà a comunicare la tua storia in modo efficace, ispirando e motivando gli altri attraverso la tua esperienza.

4. Esercizio di Focalizzazione Positiva:

Durante una conversazione con un amico o un collega, cerca di evitare critiche o commenti negativi e concentrati invece su ciò che di positivo puoi trovare nella situazione o nelle azioni della persona. Prova a evidenziare i punti di forza e i successi, incoraggiando la persona a vedere il lato positivo delle cose. Questo esercizio ti aiuterà a sviluppare un approccio più ottimista e motivante nelle tue interazioni quotidiane.

5. Esercizio di Ascolto Empatico:

Durante una conversazione, pratica l'ascolto attivo e empatico. Fai domande aperte per comprendere meglio i sentimenti e le prospettive dell'altra persona, e rifletti ciò che hai capito per dimostrare empatia. Evita di interrompere o giudicare e concentrati completamente sull'altro individuo. Questo esercizio ti aiuterà a sviluppare relazioni più profonde e significative basate sull'empatia e sulla comprensione reciproca. Ricorda che la pratica costante è essenziale per migliorare le tue abilità di comunicazione e empowerment. Cerca di integrare questi esercizi nella tua routine quotidiana per ottenere i massimi benefici.

Superare la Paura degli Altri

La paura del giudizio degli altri è una delle emozioni più potenti e pervasive che possiamo sperimentare nella vita. Essa può essere paralizzante e limitante, impedendoci di perseguire i nostri sogni e di esprimere pienamente noi stessi. Tuttavia, è possibile superare questa paura e sviluppare una maggiore fiducia in noi stessi e nelle nostre capacità. In questo capitolo, esploreremo strategie efficaci per affrontare e superare la paura del giudizio degli altri, e forniremo esempi ed esercizi pratici per aiutarti lungo il cammino.

Comprendere la Paura del Giudizio

Prima di poter affrontare la paura del giudizio degli altri, è importante comprendere da dove essa proviene e come si manifesta nella nostra vita. Spesso, la paura del giudizio deriva da una combinazione di fattori interni ed esterni, tra cui:

Bassa autostima: Una bassa autostima può rendere più difficile per noi accettare noi stessi e i nostri difetti, e quindi siamo più sensibili al giudizio degli altri.

Confronto sociale: Il confronto costante con gli altri, soprattutto attraverso i social media, può alimentare la nostra insicurezza e la nostra paura del giudizio.

Esperienze passate: Esperienze passate di giudizio o critiche possono creare cicli di pensiero negativo che alimentano ulteriormente la nostra paura del giudizio.

Aspettative irrealistiche: A volte ci poniamo aspettative irrealistiche su noi stessi e sugli altri, rendendoci più vulnerabili al giudizio e alla disapprovazione.

Strategie per Superare la Paura del Giudizio

Una volta compresa la radice della nostra paura del giudizio, possiamo iniziare a sviluppare strategie efficaci per affrontarla e superarla. Ecco alcune strategie utili:

Pratica l'auto-comprensione: Prima di poter accettare gli altri, è fondamentale accettare noi stessi. Dedica del tempo a riflettere su chi sei veramente, sui tuoi valori, i tuoi desideri e le tue passioni. Accettati per ciò che sei e riconosci che sei degno di amore e rispetto, indipendentemente dal giudizio degli altri.

Cambia prospettiva: Cerca di cambiare prospettiva e di vedere il giudizio degli altri come un riflesso delle loro paure e insicurezze, piuttosto che come una valutazione accurata di chi sei tu. Ricorda che le opinioni degli altri non definiscono la tua autenticità o il tuo valore.

Pratica la mindfulness: La mindfulness può aiutarti a diventare consapevole dei tuoi pensieri e delle tue emozioni senza giudizio. Impara a osservare i tuoi pensieri senza aggrapparti ad essi o identificarti con essi. Questo ti aiuterà a ridurre l'effetto del giudizio degli altri sulla tua autostima e sul tuo benessere emotivo.

Sfida le tue convinzioni limitanti: Identifica e sfida le tue convinzioni limitanti riguardo al giudizio degli altri. Chiediti se queste convinzioni sono basate su prove concrete o semplicemente sulla paura e l'insicurezza. Riconosci che il giudizio degli altri è spesso un riflesso delle loro opinioni e non della tua vera natura.

Pratica la gratitudine: Mantenere un diario della gratitudine può aiutarti a concentrarti sui lati positivi della vita e a ridurre l'impatto del giudizio degli altri sul tuo benessere emotivo. Ogni giorno, annota almeno tre cose per cui sei grato, anche le piccole cose.

Impara a gestire il confronto sociale: Limita il tempo trascorso sui social media e cerca di non confrontarti costantemente con gli altri. Ricorda che ciò che vedi sui social media non riflette necessariamente la realtà della vita delle persone e che è normale avere alti e bassi nella vita.

Esempi ed Esercizi Pratici

Esercizio di Visualizzazione: Chiudi gli occhi e visualizza te stesso libero dalla paura del giudizio degli altri. Immagina di vivere la tua vita pienamente e autenticamente, senza preoccuparti di ciò che gli altri pensano di te. Visualizza te stesso felice, fiducioso e realizzato.

Esercizio di Scrittura: Scrivi una lista di tutte le tue paure e preoccupazioni riguardo al giudizio degli altri. Poi, accanto a ciascuna paura, scrivi un'alternativa più realistica e positiva. Ad esempio, se hai paura di essere giudicato per le tue scelte di vita, rifletti sulle ragioni per cui quelle scelte sono importanti per te e perché non dovresti essere influenzato dal giudizio degli altri.

Esercizio di Affermazione: Ripeti a te stesso a voce alta o nella tua mente delle affermazioni positive che ti aiutano a superare la paura del giudizio. Ad esempio, "Sono degno di amore e rispetto", "Il mio valore non dipende dall'approvazione degli altri", "Ho fiducia nelle mie scelte e nelle mie azioni".
La paura del giudizio degli altri può essere una forza potente e limitante nella nostra vita, ma non deve definirci o controllarci. Con la pratica e l'impegno costanti, è possibile superare questa paura e sviluppare una maggiore fiducia in sé stessi e nelle proprie capacità. Utilizzando strategie come la pratica dell'auto-

comprensione, il cambiamento di prospettiva e la gestione del confronto sociale, possiamo liberarci dalla morsa del giudizio degli altri e vivere una vita più autentica, soddisfacente e significativa.

Cinque Principi Buddhisti per Superare la Paura degli Altri

il seguente vademecum offre un'illuminante guida pratica per superare la paura del giudizio altrui, un'esperienza comune che può avvelenare la nostra vita anche quando ci sforziamo di mascherarla con facciate di arroganza o snobismo. L'approccio buddhista propone un percorso di comprensione profonda del malessere interiore, offrendo cinque tecniche anti-inquinamento dell'anima che possono portare a una maggiore serenità e autenticità.

Attenti alle Parole: La sofferenza scaturisce dall'incoerenza tra i nostri desideri e la realtà. Inoltre, soffriamo perché spesso non siamo onesti, e quattro tra i dieci comportamenti disonesti elencati riguardano l'uso delle parole. Evitare la menzogna, l'ipocrisia, la calunnia e l'adulazione è fondamentale poiché la non verità fa più male a chi la emana che a chi la riceve.

Attenti ai "Buoni": Spesso coloro che si autodefiniscono "buoni" non sono altro che ignoranti delle proprie potenzialità malvagie. È importante riconoscere che, se non ci si confronta con la propria realtà interna, l'autostima sarà fragile e la sofferenza inevitabile. Invece di auto-definirsi "buoni", è necessario essere onesti con sé stessi e accettare la propria umanità.

Attenti agli "Accertamenti": L'ansia di confrontarsi con gli altri e dimostrare superiorità è una fonte costante di insoddisfazione. Invece di confrontarsi con gli altri, il vero confronto dovrebbe avvenire con la persona che eravamo in passato. Questa è l'unica fonte autentica di autostima, mentre il paragone con gli altri è solo umano e quindi gestibile.

Attenti all'Ansia: L'ansia ci allontana dalla gratitudine e ci impedisce di riconoscere e apprezzare le relazioni significative che ci circondano. Isolandoci e indirizzandoci verso relazioni superficiali, l'ansia ci impedisce di sentirsi a casa ovunque andiamo e ci allontana dalla vera fonte di gratitudine.

Attenti agli Elogi: Se non sappiamo gestire i complimenti, possono diventare una fonte di ansia e insicurezza anziché di gioia e gratitudine. È importante lavorare sull'autostima e sull'insicurezza per poter accettare i complimenti con serenità e gratitudine, senza la paura di deludere le aspettative o di perdere il successo ottenuto. Ricordando che l'egocentrismo è la radice dell'insicurezza, possiamo coltivare una prospettiva centrata sugli altri e sulla gratitudine, creando così le basi per una vita più autentica e appagante. Abbracciando questi cinque principi buddhisti, possiamo superare la paura del giudizio altrui e coltivare una maggiore serenità, autenticità e gratitudine nella nostra vita quotidiana.

Approfondimento e Applicazione Pratica dei Principi Buddhisti

Per comprendere appieno l'impatto e l'applicazione pratica di questi principi buddhisti nella nostra vita quotidiana, è utile esplorare più approfonditamente ciascuna tecnica e considerare come possiamo integrarle nella nostra esperienza personale.

Attenti alle Parole: Pratica della Verità e dell'Onestà

La prima tecnica ci invita a essere consapevoli del potere delle nostre parole e a evitare l'uso disonesto o dannoso del linguaggio. Per applicare questo principio nella vita di tutti i giorni, possiamo impegnarci a praticare la verità e l'onestà in tutte le nostre interazioni. Ciò significa essere sinceri con noi stessi e con gli altri, evitando la menzogna, l'ipocrisia, la calunnia e l'adulazione. Possiamo esercitare la consapevolezza del linguaggio, riflettendo prima di parlare e chiedendoci se ciò che stiamo per dire è vero, gentile e utile.

Attenti ai "Buoni": Accettazione della Propria Umanità

Il secondo principio ci incoraggia a riconoscere la nostra umanità e ad accettare pienamente tutte le parti di noi stessi, comprese quelle che potremmo considerare negative o malvagie. Per applicare questo principio, possiamo praticare l'auto-riflessione e l'accettazione incondizionata di noi stessi, riconoscendo che siamo imperfetti e che ciò è parte integrante della condizione umana. Possiamo anche impegnarci a essere onesti con noi stessi riguardo ai nostri difetti e a lavorare attivamente per migliorare, anziché nascondere o negare le nostre debolezze.

Attenti agli "Accertamenti": Il Potere della Comparazione Interna

Il terzo principio ci invita a smettere di confrontarci costantemente con gli altri e a invece guardare al nostro percorso personale di crescita e sviluppo. Per integrare questo principio nella nostra vita, possiamo praticare la gratitudine e la consapevolezza, focalizzandoci sul nostro viaggio interiore anziché sul successo esterno o sul paragone con gli altri. Possiamo anche esplorare le nostre paure e insicurezze radicate nella comparazione sociale, cercando di trasformarle in opportunità di apprendimento e crescita personale.

Attenti all'Ansia: Coltivare la Gratitudine e la Presenza Mentale

Il quarto principio ci incoraggia a riconoscere e affrontare l'ansia che ci separa dalla vera gratitudine e connessione con gli altri. Per praticare questa tecnica, possiamo impegnarci a coltivare la consapevolezza del momento presente e a riconoscere i sentimenti di ansia quando si presentano. Possiamo anche sviluppare una pratica di gratitudine quotidiana, riconoscendo le persone e le esperienze che ci portano gioia e apprezzamento. Inoltre, possiamo esplorare le nostre relazioni con gli altri, cercando di creare spazi di apertura e condivisione anziché isolamento e paura.

Attenti agli Elogi: Gestione del Successo e dell'Ego

Il quinto principio ci invita a riflettere sulla nostra reazione agli elogi e al successo, e a lavorare sull'autostima e sull'insicurezza che possono derivarne. Per applicare questo principio, possiamo praticare la consapevolezza del nostro ego e delle sue reazioni agli elogi e al riconoscimento esterno. Possiamo anche lavorare sull'autostima e sull'accettazione di sé, riconoscendo il nostro valore intrinseco al di là del successo esterno o dell'approvazione degli altri.

Integrando questi principi buddhisti nella nostra vita quotidiana, possiamo trasformare la paura del giudizio altrui in una fonte di crescita personale, autenticità e gratitudine. Che si tratti di praticare la verità e l'onestà, di accettare la nostra umanità, di confrontarci con il nostro percorso interiore anziché con gli altri, di coltivare la gratitudine e la presenza mentale o di gestire il successo e l'ego, questi principi offrono un percorso verso una vita più piena e significativa.

Analisi dell'Antropofobia: Una Paura Diffusa e Profonda

La paura delle altre persone è un fenomeno comune che può assumere proporzioni significative, influenzando notevolmente la qualità della vita di chi ne è afflitto. In questo articolo, esploreremo l'antropofobia, definendola come la paura estrema e immotivata delle persone e della società. Attraverso racconti di esperienze personali e riflessioni psicologiche, ci immergeremo nel mondo di coloro che convivono quotidianamente con questa forma di ansia.

Esperienze Personali: Racconti di Angoscia e Timore

Sabrina, una giovane studentessa, descrive il suo tormento nell'affrontare la vita scolastica. La paura del giudizio altrui la spinge a evitare interazioni sociali, isolandosi dagli altri per timore di essere considerata inadeguata o stupida. La sua esperienza rivela un'intensa ansia sociale, dove il giudizio degli altri diventa un'ombra costante che avvolge la sua esistenza.

Al contrario, Roberta è segnata da traumi passati, vittima di abusi psicologici e fisici. Queste esperienze hanno plasmato la sua percezione del mondo, portandola a vivere costantemente in uno stato di allerta e diffidenza verso gli altri. La sua paura non è solo il timore del giudizio, ma una profonda convinzione che le persone intorno a lei siano potenziali fonti di pericolo e dolore.

Diego, nel suo costante timore di essere giudicato e tradito, evidenzia un altro aspetto dell'antropofobia: la paura del rifiuto e dell'abbandono. Il suo bisogno costante di approvazione e il terrore di essere considerato debole lo rendono prigioniero di un ciclo di ansia e auto-svalutazione.

Infine, Alberto si confronta con la paura dei suoi colleghi e del loro giudizio. La sua ansia lo porta ad evitare situazioni sociali, temendo di essere percepito come strano o inadeguato. Questo circolo vizioso alimenta la sua ansia, compromettendo la sua performance e confermando le sue paure.

Il Ruolo dei Pensieri e delle Emozioni: Una Riflessione Psicologica

La sensibilità al giudizio negativo e il senso di inadeguatezza influenzano profondamente le emozioni e i comportamenti di coloro che soffrono di antropofobia. I pensieri negativi e le credenze limitanti alimentano un ciclo di ansia e auto-svalutazione, impedendo alle persone di vivere pienamente la propria vita e perseguire i propri obiettivi.

Diego, nel suo costante tentativo di evitare il giudizio degli altri, si ritrova prigioniero di un circolo vizioso di ansia anticipatoria e auto-svalutazione. Questa inibizione sociale compromette la sua capacità di interagire con gli altri e di perseguire le sue passioni e i suoi interessi.

Domande Finali: Un Percorso di Auto-Riflessione

Infine, una serie di domande ci invita a riflettere sulle nostre esperienze personali e sull'impatto che la paura degli altri ha sulla nostra vita quotidiana. Queste domande ci incoraggiano a valutare il livello di limitazione e disagio che proviamo a causa della nostra ansia sociale, aprendo la porta a una possibile ricerca di aiuto e sostegno da parte di professionisti della salute mentale.

Introverso o Estroverso: Come ti definisci? Ti senti più a tuo agio in situazioni sociali o preferisci la solitudine?

Durata della Paura: Da quanto tempo provi questa paura delle altre persone? È qualcosa che hai sempre sperimentato o è emerso in seguito a determinate esperienze?

Variabilità della Paura: La tua paura delle persone varia in base alle situazioni o alle persone coinvolte? O è un sentimento costante nel tempo?

Limitazioni nella Quotidianità: Quanto questa paura influisce sulle tue attività quotidiane e sul tuo benessere generale?

Impatto Scolastico o Lavorativo: Hai mai avuto difficoltà a scuola o sul lavoro a causa della tua ansia sociale? In che modo ha influenzato le tue performance e le tue relazioni?

Paura anche da Solo: La tua ansia sociale si manifesta anche quando sei da solo o è legata esclusivamente alle interazioni con gli altri?

Prospettive sul Futuro: Credi che la tua paura diminuirà col tempo o temi che possa addirittura peggiorare?

Queste domande possono costituire un punto di partenza per esplorare il nostro rapporto con la paura degli altri e per valutare eventuali passi da compiere per affrontarla in modo costruttivo e migliorare il nostro benessere emotivo.

Ecco alcuni suggerimenti ed esercizi per esplorare le domande poste:

1. Introverso o Estroverso: Come ti definisci?

Suggerimenti: Rifletti sulle tue preferenze e sulle situazioni in cui ti senti più a tuo agio. Considera se trascorri più tempo da solo o in compagnia degli altri e come ti senti in entrambe le situazioni.

Esercizio: Tieni un diario delle tue attività quotidiane per una settimana. Segna quanti momenti trascorri in solitudine e quanti in compagnia. Annota anche come ti senti in entrambe le situazioni.

2. Durata della Paura: Da quanto tempo provi questa paura delle altre persone?

Suggerimenti: Fai una retrospezione della tua vita e cerca di individuare quando questa paura ha iniziato a manifestarsi. Chiediti se ci sono eventi o esperienze specifiche che potrebbero aver contribuito alla sua comparsa.

Esercizio: Scrivi una cronologia degli eventi significativi della tua vita, concentrandoti su situazioni sociali e interazioni con gli altri. Annota se e quando hai iniziato a provare ansia sociale e se ci sono stati eventi correlati.

3. Variabilità della Paura: La tua paura delle persone varia in base alle situazioni o alle persone coinvolte?

Suggerimenti: Osserva i tuoi sentimenti e reazioni in diverse situazioni sociali. Chiediti se ci sono contesti o persone specifiche che scatenano la tua ansia sociale in modo particolare.

Esercizio: Tieni un registro delle situazioni sociali in cui provi ansia sociale e annota le circostanze specifiche in cui si verifica. Valuta se la tua ansia varia in base a chi è presente o al tipo di situazione.

4. Limitazioni nella Quotidianità: Quanto questa paura influisce sulle tue attività quotidiane e sul tuo benessere generale?

Suggerimenti: Rifletti su come la tua ansia sociale influisce sulle tue abitudini quotidiane, sulle tue relazioni e sul tuo benessere emotivo. Considera se ci sono attività o situazioni che eviti a causa della tua ansia.

Esercizio: Fai una lista delle attività quotidiane che ti causano ansia sociale o che eviti a causa della tua paura delle persone. Valuta l'entità del loro impatto sulla tua vita quotidiana.

5. Impatto Scolastico o Lavorativo: Hai mai avuto difficoltà a scuola o sul lavoro a causa della tua ansia sociale?

Suggerimenti: Rifletti su eventuali esperienze passate o attuali in cui la tua ansia sociale ha influenzato le tue performance accademiche o lavorative. Considera se ci sono situazioni specifiche in cui la tua ansia si manifesta più intensamente.

Esercizio: Scrivi una lista di situazioni scolastiche o lavorative in cui hai sperimentato ansia sociale e annota gli effetti che ha avuto sulle tue performance e sulle tue relazioni con gli altri.

6. Paura anche da Solo: La tua ansia sociale si manifesta anche quando sei da solo o è legata esclusivamente alle interazioni con gli altri?

Suggerimenti: Osserva se la tua ansia sociale si estende anche quando sei da solo e rifletti su eventuali pensieri o preoccupazioni riguardanti il giudizio degli altri anche in assenza di interazioni sociali dirette.

Esercizio: Monitora i tuoi pensieri e sentimentl quando sei da solo e valuta se emergono pensieri legati all'ansia sociale o al giudizio degli altri.

7. Prospettive sul Futuro: Credi che la tua paura diminuirà col tempo o temi che possa addirittura peggiorare?

Suggerimenti: Considera le tue speranze e preoccupazioni riguardo al futuro e alla possibilità di superare la tua ansia sociale. Rifletti su eventuali passi che potresti intraprendere per affrontare la tua paura e migliorare il tuo benessere emotivo.

Esercizio: Immagina il tuo futuro ideale e rifletti su come vorresti gestire la tua ansia sociale. Pianifica eventuali azioni o strategie che potresti adottare per raggiungere questo obiettivo.

Affrontare il Timore degli Altri: Strategie per un Approccio Empatico e Costruttivo

Spesso diamo per scontato che la paura sia un'emozione che noi stessi proviamo, ma è altrettanto importante riconoscere che gli altri possono sentirsi intimoriti da noi. Questo timore può derivare da una serie di motivi, tra cui la nostra posizione sociale, il nostro potere, o anche solo la nostra presenza fisica. Tuttavia, è fondamentale imparare a gestire questa dinamica in modo empatico e costruttivo, per favorire relazioni sane e produttive. In questo articolo, esploreremo alcuni approcci pratici per affrontare il timore degli altri.

Comprendere le radici della paura:

Prima di tutto, è importante capire da cosa derivi la paura che gli altri possono provare nei nostri confronti. Questo può essere dovuto a vari fattori, come la percezione di potere o autorità che possiamo esercitare, la nostra apparenza fisica, o anche solo il nostro modo di comunicare. Prendere consapevolezza di questi fattori è il primo passo per affrontare il problema.

Coltivare l'empatia:

L'empatia è fondamentale quando si tratta di gestire il timore degli altri. Mettersi nei loro panni e cercare di comprendere le loro prospettive può aiutare a stabilire un legame di fiducia e comprensione reciproca. Chiedersi: "Come mi sentirei se fossi al loro posto?" può essere un ottimo punto di partenza per sviluppare empatia.

Comunicare in modo chiaro e rassicurante:

La comunicazione è essenziale per superare il timore degli altri. Assicurarsi di comunicare in modo chiaro e rassicurante può aiutare a dissipare le paure e a stabilire un clima di fiducia. Utilizzare un linguaggio non verbale aperto e amichevole e mantenere un tono di voce calmo e rassicurante possono contribuire a trasmettere un messaggio di sicurezza.

Essere consapevoli del proprio impatto:

Spesso non siamo consapevoli del potere che abbiamo sugli altri e del modo in cui le nostre azioni e parole possono influenzarli. Essere consapevoli del proprio impatto e delle proprie azioni può aiutare a ridurre il timore degli altri e a promuovere relazioni più positive e collaborative.

Creare un ambiente inclusivo:

Infine, è importante creare un ambiente in cui tutti si sentano accolti e valorizzati. Promuovere la diversità e l'inclusione e dare voce a tutti i membri del gruppo può contribuire a ridurre il timore degli altri e a favorire un clima di fiducia e rispetto reciproco.

Affrontare il timore degli altri richiede sensibilità, empatia e consapevolezza del proprio impatto. Utilizzando strategie come la comprensione delle radici della paura, la coltivazione dell'empatia, la comunicazione chiara e rassicurante, la consapevolezza del proprio impatto e la creazione di un ambiente inclusivo, possiamo contribuire a creare relazioni più sane e collaborative. E ricordiamo sempre che il modo in cui trattiamo gli altri può avere un impatto duraturo sulle loro vite e sulle loro esperienze.

Autodisciplina per la Crescita Personale

Senza autodisciplina, è difficile raggiungere qualsiasi obiettivo significativo nella vita. Esploreremo tecniche pratiche per sviluppare e mantenere l'autodisciplina necessaria per perseguire i nostri sogni e ambizioni. Come non procrastinare, il segreto per riuscire a sviluppare autodisciplina, l'autodisciplina è la capacità di agire e avanzare verso il raggiungimento dei tuoi obiettivi, rimanendo fermamente motivati indipendentemente dallo stato mentale e fisico. Utilizzare presupposti cognitivi, autocritica; coraggio di agire; abitudini radicate nel tuo modo di pensare e affrontare le giornate (che poi è la base per sviluppare la produttività che tutti noi cerchiamo). Scegli un obiettivo. La base di qualsiasi tecnica di produttività. Senza obiettivi non hai mete, e senza mete non puoi in alcun modo immaginare il percorso migliore per raggiungerle. Vagare per tentativi non ti serve a nulla, ti sfinisce e distrugge la tua motivazione. Trova la tua motivazione. Ci sarà un perché se hai scelto quel dato obiettivo. Cosa vuoi ottenere? Che risultato stai immaginando? Rendilo vivido nella tua testa, e lotta come un leone per non farti distrarre. La tua meta, il tuo obiettivo, il premio che ti spetta alla fine. Hai provato a scriverlo e riscriverlo tutti i giorni? Identifica gli ostacoli. Cosa non ti è chiaro? Cosa non funziona? Dove hai difficoltà, in quali passaggi? Identifica gli ostacoli e crea tutti i presupposti migliori per affrontare con serenità le tue giornate. Parti dall'ambiente di lavoro: se non hai modo di concentrarti, se non hai modo di sviluppare la focalizzazione necessaria, difficilmente riuscirai a progredire in modo spedito. Sostituisci i vecchi modi di fare con nuove abitudini potenzianti. Sai quanti vampiri del tempo richiedono la tua attenzione in ogni minuto della vita? Tu pensa che con un semplice metodo sono riuscito a restituire a centinaia di persone un'ora di tempo al giorno. E molte mi hanno scritto dicendomi la più forte (e per qualche aspetto triste) delle verità: non mi ero reso conto di quanto tempo stessi perdendo. Basta perdere tempo, ci sono abitudini che possono davvero svoltarti la vita. Tieni traccia dei risultati. Hai definito gli obiettivi della settimana. Cosa hai fatto per raggiungerli? Dove, invece, hai lasciato spazio alle distrazioni e alle perdite di tempo? Dove ti sei sentito frustrato e dove, invece, hai intravisto quella "luce" di libertà e orgoglio per quanto fatto? Tenere traccia di come ti senti ti permette di rafforzare la tua autodisciplina. Ti sentirai libero, orgoglioso, la tua motivazione schizzerà, le tue capacità di fare altrettanto. In una parola, proverai un senso di felicità profondo. E credimi, quando succede, lo riconosci. resistenza mentale alla fatica, Sviluppare l'autodisciplina personale: la visione del risultato Ciò che ti sto chiedendo di fare è parte delle tante tecniche di autodisciplina, ma è molto semplice da applicare: focalizzati sul risultato, o meglio ancora, sui benefici che otterrai dalla tua azione. Pulire la stanza è stancante, ma quanto è piacevole lavorare in uno spazio ordinato, sano e profumato? Perché non lo fai. Poi, ti siedi di nuovo e accendi la tua lampada profumata? Quanto potrai rilassarti ed essere così nelle migliori condizioni per affrontare quel nuovo progetto che ti porterà tanti soldi? Perché continui a pensare ai 15 minuti di meditazione, cioè al tempo in cui devi stare immobile, invece di focalizzarti sulla chiarezza mentale che la meditazione stessa è in grado di restituirti? Perché inventi tutte quelle scuse sul tempo e invece non infili le scarpe e vai a farti una bella passeggiata? Sai benissimo come ti sentirai una volta rientrato: più fiero, liberato da quello stato di ansia che ti opprime, e orgoglioso di esserti preso cura di te. So che quel progetto è complesso, so che quel percorso è lungo, ma se inizi a fare il primo passo, poi la metà sarà indiscutibilmente più vicina. Perché non pianifichi 1 ora di lavoro al giorno per arrivare a destinazione? Conosci bene cosa otterrai dal raggiungimento del traguardo, d'altra parte sei tu ad averlo scelto. Non è poi così difficile sviluppare autodisciplina personale, guardando le cose dal giusto punto di vista. La tecnica dei 21 giorni. Questa tecnica, tanto semplice quanto efficace. Ma come funziona? Semplice, prendi una nuova abitudine ed impegnati a rispettarla per almeno 21 giorni. Non importa quanto possa essere dura, rispetta il tuo impegno per 21 giorni. Se dopo 21 giorni avrai notato dei vantaggi, proseguire sarà una passeggiata, altrimenti potrai lasciar perdere senza sensi di colpa. Streaks per iPhone. Streaks è un'applicazione per iPhone che ti permette di registrare i tuoi progressi giorno dopo giorno, mettendo una bella X sul calendario virtuale. Un solo motto: "don't break the chain!" (non interrompere la sequenza). Joe's goals. Joe's goals ha la stessa logica di Streaks, ma è un'applicazione web. Vuol dire che puoi registrare i tuoi progressi direttamente sul tuo PC o Mac. fiducia in sé stessi; scegli intenzionalmente che obiettivo perseguire, Come sviluppare la propria disciplina Conosci te stesso. Lo ammetto questo consiglio fa molto motivatore-rampante-mi-venderei-anche-la-nonna. Ma il punto è che se non sai cosa vuoi veramente, non puoi sviluppare la disciplina necessaria per ottenerlo. Definisci i tuoi obiettivi e possibilmente scrivili da qualche parte. Sii consapevole. Per avere auto-disciplina devi essere consapevole di quello che stai facendo di giusto e… di sbagliato. Se continui ad avere comportamenti sbagliati senza rendertene conto, come credi di poter sviluppare la tua auto-disciplina? Prova a pensare alle tue abitudini ed immagina a quale potrebbe essere il loro impatto tra 5 anni. Magari sei un fumatore, o forse sei sovrappeso, oppure continui a spendere i tuoi soldi annegando nei debiti. Mettici impegno. Scrivere obiettivi, ripetersi frasi motivanti, visualizzare il successo, beh… sono tutte minc***te se poi non ci metti impegno. Quando decidi di raggiungere un obiettivo, decidi sul serio e possibilmente implementa un sistema per monitorare i tuoi progressi. Ricordati: "miglioriamo solo quello che misuriamo". Abbi coraggio. Pensi che sia una passeggiata accrescere la propria disciplina? Non lo è. Ci saranno momenti in cui fare quello che hai deciso di fare sarà difficile, fastidioso, addirittura doloroso. Per superare questi momenti dovrai avere coraggio. Ma ti garantisco che le piccole vittorie che conquisterai giorno dopo giorno renderanno la tua disciplina ferrea. Ascoltati. Il più grande nemico della tua auto-disciplina e quella vocina che continua a ronzarti nella testa: "dormo ancora 5 minuti…", "in palestra ci vado domani…", "ancora un po' su Facebook e poi inizio a lavorare / studiare…" (prima o poi Facebook mi fa causa!!!). Se vuoi allenare la tua auto-disciplina, tutto quello che devi fare appena ti accorgi di pronunciare mentalmente una di queste frasi, "Il prezzo della disciplina è nulla rispetto al prezzo del rimpianto." La crescita personale è la maturazione psicologica ed emotiva, che ci fa acquisire consapevolezza, conoscere la nostra interiorità, prendere decisioni e affrontare il cambiamento. È la sostanza per costruire il nostro bagaglio esperienziale e raggiungere i nostri obiettivi. Per sviluppare l'autodisciplina in un mindset orientato al cambiamento occorre innanzitutto riconoscere l'esistenza delle proprie resistenze al cambiamento e delle proprie convinzioni limitanti. Solo attraverso questa consapevolezza è possibile mettere in discussione i propri schemi mentali e aprirsi a nuove opportunità. Sei pieno di buone intenzioni e idee grandiose, ma poi in qualche modo tutto svanisce sempre? Che si tratti di sport, alimentazione sana, perdita di peso o il lavoro dei sogni, finora è sempre rimasto solo un'intenzione? Ma adesso vuoi assicurarti una volta per tutte, che d'ora in poi ogni sogno diventi realtà? Nessun problema! Perché tutto ciò di cui hai bisogno per questo è la positiva autodisciplina e questa guida ti mostrerà come puoi facilmente allenare da solo questa invidiabile caratteristica. Forza di volontà, assertività, disciplina: la maggior parte delle persone presume che tali qualità siano innate e ammira i colleghi o gli amici, che sembrano riuscire in tutto con facilità. Ma niente affatto! Perché la verità è che l'autodisciplina è qualcosa che chiunque può imparare e addestrare da solo - devi solo volerlo! E per fortuna, ci sono strategie scientificamente sviluppate, provate e testate che puoi facilmente mettere in pratica immediatamente, in modo che la volontà incrollabile diventi presto realtà. In questo libro imparerai tutto ciò che rende questa qualità desiderabile: cosa significa veramente autodisciplina, in cosa consiste, quali tecniche ti aiutano ad impararla e dove si nascondono potenziali insidie? Con esercizi pratici, metti a punto ogni giorno la tua percezione, valutazione e forza di volontà e attraverso la tua motivazione, ti trasformi nella persona che hai sempre voluto essere. Istruzioni concrete sviluppano la trasformazione in un progetto di successo, in cui hai il controllo di ogni passaggio e puoi finalmente combattere i punti deboli in modo mirato. Con questo libro farai finalmente il salto verso il lato solare della vita, con esso sostituirai il caso e il destino con il controllo e la disciplina. Grazie al piano di 21 giorni accuratamente creato, puoi facilmente dare il via libera al tuo cambiamento personale e impostare la strada per il successo, la soddisfazione e le possibilità illimitate. ecco alcuni esercizi auto-motivazionali che puoi integrare nel tuo piano dei 21 giorni per sviluppare l'autodisciplina e mantenere alta la motivazione:

Visualizzazione del successo: Dedica del tempo ogni giorno per visualizzare vividamente il raggiungimento del tuo obiettivo. Chiudi gli occhi e immagina te stesso mentre ottieni il risultato desiderato. Concentrati sulle sensazioni positive e sulle emozioni che provi. Visualizzare il successo ti aiuterà a mantenere viva la tua motivazione e a focalizzarti sulle ricompense future.

Affronta le tue paure: Identifica le paure o le preoccupazioni che potrebbero ostacolare il tuo progresso verso l'obiettivo. Scrivi queste paure su un foglio di carta e poi affrontale una alla volta. Chiediti quali azioni concrete puoi intraprendere per superare queste paure e trasformarle in motivazione.

Pratica l'autocompassione: Sii gentile con te stesso durante il processo di raggiungimento dell'obiettivo. Accetta che ci saranno alti e bassi lungo il percorso e non ti punire per gli eventuali fallimenti o ostacoli. Piuttosto, riconosci i tuoi sforzi e celebra anche i piccoli progressi che fai ogni giorno.

Affermazioni positive: Utilizza affermazioni positive per rafforzare la tua fiducia e la tua determinazione. Scrivi delle frasi brevi e potenti che riflettano i tuoi obiettivi e le tue qualità personali. Ripeti queste affermazioni ad alta voce ogni mattina o ogni volta che hai bisogno di un incoraggiamento.

Creazione di un ambiente favorevole: Modifica il tuo ambiente fisico e sociale in modo da supportare il tuo impegno verso l'obiettivo. Elimina le distrazioni e crea uno spazio di lavoro o di allenamento ordinato e confortevole. Cerca anche il sostegno e l'ispirazione da parte di amici, familiari o mentor che condividono i tuoi obiettivi.

Celebra i tuoi successi: Riconosci e celebra ogni successo, grande o piccolo, lungo il percorso verso il tuo obiettivo. Premi te stesso con piccole ricompense ogni volta che raggiungi un traguardo significativo. Queste ricompense possono essere qualcosa di semplice come una pausa o un trattamento speciale, ma contribuiranno a mantenere alta la tua motivazione.

Riflessione quotidiana: Dedica del tempo ogni sera per riflettere sulle tue esperienze durante il giorno. Chiediti cosa hai fatto bene, cosa potresti migliorare e cosa hai imparato dalle tue sfide e successi. Utilizza queste riflessioni per regolare il tuo approccio e rafforzare la tua determinazione per il giorno successivo.

Integrando questi esercizi auto-motivazionali nel tuo piano dei 21 giorni, potrai sviluppare una solida base di autodisciplina e motivazione che ti aiuterà a raggiungere i tuoi obiettivi e a realizzare il tuo pieno potenziale.

metafora

Il sole si avvicinava all'orizzonte, dipingendo il cielo con sfumature di rosso e oro mentre Luca contemplava la magnificenza delle montagne dall'alto della Vetra Maestra. Respirava profondamente, sentendo la fresca brezza montana carezzare il suo viso, mentre rifletteva sul lungo viaggio che lo aveva portato fin lassù. Aveva superato sfide incredibili, superato limiti che non sapeva di avere e conquistato la cima più alta della regione, ma la vera conquista era stata quella della sua autodisciplina interiore.

Fin dall'infanzia, Luca aveva sognato di scalare la Vetra Maestra. Era stato un sogno ambizioso, ma sapeva che con determinazione e impegno poteva realizzarlo. E così, giorno dopo giorno, aveva lavorato duramente, allenando il suo corpo e la sua mente per affrontare la sfida che lo attendeva. Aveva imparato a gestire la sua autodisciplina, adottando abitudini quotidiane che lo avvicinavano sempre di più al suo obiettivo.

Durante la scalata della Vetra Maestra, Luca aveva dovuto fare affidamento sulla sua autodisciplina più volte. La strada verso la cima era stata lunga e impegnativa, piena di ostacoli e difficoltà. Ma ogni volta che si sentiva stanco o scoraggiato, Luca si aggrappava alla sua determinazione interiore, rafforzata dall'autodisciplina che aveva coltivato nel corso degli anni.

La sua autodisciplina lo aveva spinto a continuare anche quando sembrava che non ci fosse più speranza. Gli aveva permesso di superare i momenti di dubbio e incertezza, concentrandosi sempre sull'obiettivo finale: la cima della Vetra Maestra. E quando finalmente aveva raggiunto la vetta, era stato un momento di pura gioia e gratitudine, non solo per il suo successo personale, ma anche per la forza interiore che lo aveva portato fin lassù.

Tornando al suo villaggio dopo la sua epica impresa, Luca portava con sé non solo la gloria di aver raggiunto la Vetra Maestra, ma anche la consapevolezza del potere della autodisciplina. Aveva imparato che con determinazione e impegno, era possibile superare qualsiasi sfida e realizzare qualsiasi sogno. Aveva imparato che la vera vetta da conquistare era dentro di sé, nella sua forza di volontà e nella sua capacità di superare ogni ostacolo che la vita gli metteva di fronte.

La sua storia divenne leggenda nel villaggio, ispirando altri a seguire i propri sogni e a non arrendersi mai di fronte alle difficoltà. E così, mentre il sole tramontava sulle montagne, Luca guardava avanti con fiducia e gratitudine, pronto ad affrontare ogni nuova avventura che l'attendeva. Perché sapeva che con la sua autodisciplina come alleata, non c'erano limiti a ciò che poteva realizzare.

Addestra il subconscio per attivare i tuoi potenziali.

6 punti per attivare il tuo potenziale usando il subconscio:

1. Vincitore nella vita:
Riformulazione del dialogo interiore: Sostituisci pensieri negativi con affermazioni

positive che rafforzano la tua fiducia e il tuo senso di autoefficacia.

Visualizzazione: Crea immagini vivide del tuo successo e immergiti in esse con tutti i sensi per aumentare la motivazione e la perseveranza.

Pensiero focalizzato: Stabilisci obiettivi chiari e concentrati sui passi necessari per raggiungerli, eliminando le distrazioni e le interferenze.

2. Sfida te stesso e rompi schemi mentali limitanti:

Affronta le tue paure: Identifica le paure che ti trattengono e affrontale gradualmente, sviluppando coraggio e resilienza.

Esci dalla tua zona di comfort: Sperimenta nuove attività e situazioni che ti mettono alla prova e ti permettono di crescere.

Abbraccia il fallimento: Considera gli errori come opportunità di apprendimento e non come ostacoli insormontabili.

3. Salute:

Potenzia il tuo sistema immunitario: Visualizza il tuo corpo che combatte le malattie e rafforza le sue difese naturali.

Promuovi il benessere mentale: Pratica tecniche di rilassamento come la meditazione o il mindfulness per gestire lo stress e l'ansia.

Migliora le tue abitudini: Assumi un controllo consapevole del tuo stile di vita, adottando una dieta sana e un regolare esercizio fisico.

4. Relazioni:

Migliora la comunicazione: Impara ad ascoltare attivamente e a comunicare in modo assertivo per costruire relazioni più profonde e appaganti.

Sviluppa l'empatia: Affina la tua capacità di comprendere e condividere le emozioni degli altri, creando connessioni più autentiche.

Risolvi i conflitti: Impara a gestire le divergenze in modo costruttivo e collaborativo, rafforzando i legami con le persone care.

Ricorda:

Il subconscio è un potente strumento che può essere allenato per aiutarti a raggiungere i tuoi obiettivi. La chiave è la perseveranza e la pratica costante: applica queste tecniche con dedizione e vedrai i risultati sbocciare nella tua vita.

Il Potere Nascosto del Subconscio: La Chiave per Sbloccare il Tuo Vero Potenziale

Nel profondo della tua mente risiede un universo di potenziale inesplorato: il subconscio. Una forza silenziosa che governa gran parte dei tuoi pensieri, azioni e abitudini. Come un iceberg sommerso, la sua influenza si estende ben oltre la consapevolezza, modellando la tua realtà in modi sorprendenti.

La Forza del Subconscio:

Il subconscio è un serbatoio di memorie, emozioni e credenze accumulate nel corso della tua vita. Agisce come un disco rigido, immagazzinando informazioni e programmi che influenzano il tuo modo di vivere e di percepire il mondo.

Come Funziona:

Il subconscio non distingue tra realtà e immaginazione. Ciò che ripeti interiormente, sia in modo positivo che negativo, diventa la tua realtà. Pensieri ricorrenti, affermazioni e visualizzazioni si imprimono nel subconscio, plasmando la tua personalità, le tue abitudini e il tuo destino.

Sfruttare il Potere del Subconscio:

La chiave per sbloccare il tuo vero potenziale è imparare a comunicare con il tuo subconscio e a indirizzarlo verso i tuoi obiettivi. Attraverso tecniche specifiche come la riformulazione del dialogo interiore, la visualizzazione e la meditazione, puoi influenzare i tuoi pensieri e le tue emozioni, creando la vita che desideri.

Esempio:

Immagina di desiderare una promozione al lavoro. Invece di focalizzarti su paure e dubbi, riformula il tuo dialogo interiore con affermazioni positive come "Sono capace e meritato questa promozione". Visualizza te stesso nel nuovo ruolo, sicuro e di successo. Il subconscio, recependo questi messaggi, orienterà le tue azioni e le tue decisioni verso il raggiungimento del tuo obiettivo.

In questo capitolo, esploreremo in dettaglio come sfruttare il potere del subconscio per:

Diventare un vincitore nella vita: Sviluppare la fiducia in sé stessi, la perseveranza e la mentalità necessaria per raggiungere i propri obiettivi.

Sfida te stesso e rompere schemi mentali limitanti: Affrontare le paure, uscire dalla zona di comfort e abbracciare il cambiamento per crescere e migliorarsi.

Migliorare la salute: Rafforzare il sistema immunitario, gestire lo stress e l'ansia, e adottare uno stile di vita sano.

Costruire relazioni più profonde: Imparare a comunicare in modo efficace, sviluppare l'empatia e risolvere i conflitti.

I prossimi capitoli ti forniranno le conoscenze e gli strumenti pratici per attivare il tuo potenziale e vivere la vita che hai sempre sognato.

Capitolo 2: Riformulare il Dialogo Interiore per Trasformare la Tua Vita

Il potere delle parole:

Le parole che pronunciamo, sia ad alta voce che nella nostra mente, hanno un impatto profondo sul nostro subconscio. Ripetendo frasi negative come "Non sono capace" o "Non ce la farò mai", creiamo barriere mentali che ci impediscono di raggiungere i nostri obiettivi.

Riformulare il dialogo interiore:

La chiave per sbloccare il tuo potenziale è riformulare il tuo dialogo interiore con affermazioni positive e incoraggianti. Sostituisci le frasi negative con affermazioni che rafforzano la tua fiducia in te stesso e le tue capacità.

Esempi di affermazioni positive:

"Sono capace di raggiungere i miei obiettivi."

"Merito di essere felice e di successo."

"Ogni giorno mi avvicino sempre di più ai miei sogni."

Come utilizzare le affermazioni positive:

Ripeti le affermazioni con convinzione: Dedicati a ripetere le affermazioni positive almeno due volte al giorno, al mattino e alla sera. Pronunciale con voce forte e sicura, visualizzando te stesso mentre raggiungi i tuoi obiettivi.

Scrivi le affermazioni: Scrivere le affermazioni su un foglio di carta e appenderlo in un luogo che vedi spesso, come lo specchio del bagno o il frigorifero.

Integra le affermazioni nella tua routine quotidiana: Ripeti le affermazioni mentre fai attività come guidare, camminare o fare la doccia.

Oltre alle affermazioni positive:

Fai attenzione ai tuoi pensieri: Presta attenzione ai pensieri ricorrenti e identifica quelli negativi. Sostituiscili con pensieri positivi e incoraggianti.

Pratica la gratitudine: Concentrati sugli aspetti positivi della tua vita e sulle cose per cui sei grato. La gratitudine aiuta a coltivare un mindset positivo e a rafforzare la tua autostima.

Visualizzazione: Visualizza te stesso mentre raggiungi i tuoi obiettivi con vividezza e immedesimazione. La visualizzazione aiuta a programmare il tuo subconscio per il successo.

Riformulando il tuo dialogo interiore, puoi creare una mentalità vincente e indirizzare il tuo subconscio verso la realizzazione dei tuoi sogni.

Nel prossimo capitolo, esploreremo il potere della visualizzazione per trasformare i tuoi desideri in realtà.

Capitolo 3: Il Potere Trasformativo della Visualizzazione

Immaginare per realizzare:

La visualizzazione è una tecnica potente che sfrutta il potere dell'immaginazione per creare la realtà che desideri. Immaginandoti con vividezza nel raggiungimento dei tuoi obiettivi, programmi il tuo subconscio ad attirare le persone, le risorse e le opportunità necessarie per il successo.

Come funziona la visualizzazione:

Crea immagini vivide: Chiudi gli occhi e immagina te stesso nel pieno raggiungimento dei tuoi obiettivi. Coinvolgi tutti i tuoi sensi: vista, udito, tatto, olfatto e gusto. Più la tua visualizzazione è realistica, più potente sarà il suo effetto sul tuo subconscio.

Emozionati: Immergiti completamente nella tua visualizzazione e prova le emozioni positive che accompagneranno il raggiungimento del tuo obiettivo. Senti la gioia, la soddisfazione e la gratitudine per il successo ottenuto.

Ripeti regolarmente: Dedica alcuni minuti al giorno alla visualizzazione, idealmente al mattino o alla sera. Più la pratichi, più il tuo subconscio sarà ricettivo al tuo messaggio.

Esempi di visualizzazione:

Visualizza te stesso mentre ottieni la promozione che desideri. Immaginati nel tuo nuovo ufficio, sicuro e di successo. Senti la soddisfazione di aver raggiunto questo traguardo importante.

Visualizza te stesso in perfetta forma fisica. Immaginati mentre pratichi il tuo sport preferito con energia e vitalità. Senti il benessere del tuo corpo e la tua mente libera da stress.

Visualizza te stesso in una relazione sana e appagante. Immaginati felice e innamorato, circondato dall'amore e dal supporto del tuo partner. Senti la gioia di condividere la tua vita con la persona che ami.

La visualizzazione è uno strumento potente che può aiutarti a:

Raggiungere i tuoi obiettivi: Trasformare i tuoi sogni in realtà concrete.

Migliorare la tua autostima: Aumentare la tua fiducia in te stesso e nelle tue capacità.

Ridurre lo stress e l'ansia: Promuovere il benessere mentale e la tranquillità interiore.

Migliorare le tue relazioni: Costruire rapporti più profondi e appaganti con le persone care.

Incorporando la visualizzazione nella tua routine quotidiana, puoi aprire le porte a un futuro pieno di possibilità e di successi.

Nel prossimo capitolo, esploreremo come utilizzare il subconscio per migliorare la tua salute e il tuo benessere.

Capitolo 4: Il Subconscio per la Salute e il Benessere

La mente e il corpo: un legame indissolubile:

La mente e il corpo sono interconnessi in modo profondo. I nostri pensieri, le nostre emozioni e le nostre credenze possono avere un impatto significativo sulla nostra salute fisica e mentale. Il subconscio, in particolare, gioca un ruolo chiave nel modulare il nostro benessere.

Come il subconscio influenza la salute:

Stress e sistema immunitario: Lo stress cronico può indebolire il sistema immunitario, rendendoci più vulnerabili a malattie e infezioni. Il subconscio può essere utilizzato per gestire lo stress e l'ansia, favorendo una risposta immunitaria più efficace.

Dolore e guarigione: Il subconscio può influenzare la percezione del dolore e la velocità di guarigione. Visualizzazioni positive e tecniche di rilassamento possono contribuire a ridurre il dolore e accelerare il processo di guarigione.

Abitudini e stile di vita: Il subconscio può essere utilizzato per modificare abitudini dannose come fumo, alcolismo e alimentazione scorretta. Promuovendo abitudini sane, il subconscio può migliorare la nostra salute e il nostro benessere generale.

Tecniche per utilizzare il subconscio per la salute:

Visualizzazione: Visualizza te stesso in salute e pieno di energia. Immaginati mentre pratichi attività che ti fanno bene, come fare sport o mangiare cibi sani.

Affermazioni positive: Ripeti affermazioni come "Sono sano e forte" o "Il mio corpo è in grado di auto guarirsi".

Meditazione e mindfulness: Pratiche di meditazione e mindfulness aiutano a calmare la mente e a ridurre lo stress, favorendo il benessere mentale e fisico.

Oltre alle tecniche sopra citate:

Consulta un professionista: Se hai problemi di salute specifici, è importante consultare un medico o un altro professionista sanitario. Il subconscio può essere un complemento utile alle cure mediche tradizionali, ma non le sostituisce.

Ascolta il tuo corpo: Impara a prestare attenzione ai segnali del tuo corpo. Se ti senti stanco, stressato o dolorante, prenditi cura di te stesso e concediti del tempo per riposare e rilassarti.

Utilizzando il subconscio in modo consapevole, puoi migliorare la tua salute e il tuo benessere in modo significativo.

Nel prossimo capitolo, esploreremo come il subconscio può influenzare le tue relazioni.

Capitolo 5: Il Subconscio per Migliorare le Relazioni

La chiave per connessioni più profonde:

Le nostre relazioni sono influenzate da una serie di fattori, tra cui le nostre esperienze passate, le nostre credenze e i nostri modelli di comportamento. Il subconscio gioca un ruolo chiave nel determinare la qualità delle nostre relazioni, influenzando il modo in cui ci approcciamo agli altri e interagiamo con loro.

Come il subconscio influenza le relazioni:

Comunicazione: Il subconscio può influenzare il modo in cui comunichiamo con gli altri. Pensieri e credenze negative possono ostacolare la comunicazione aperta e onesta, creando barriere tra noi e le persone care.

Empatia: La capacità di comprendere e condividere le emozioni degli altri è fondamentale per costruire relazioni profonde. Il subconscio può essere allenato per sviluppare l'empatia e migliorare la nostra capacità di connetterci con gli altri.

Risoluzione dei conflitti: Le divergenze e i conflitti sono inevitabili in qualsiasi relazione. Il subconscio può aiutarci ad affrontare i conflitti in modo costruttivo e collaborativo, favorendo la comprensione e il perdono.

Tecniche per utilizzare il subconscio per migliorare le relazioni:

Visualizzazione: Visualizza te stesso in relazioni armoniose e piene di amore. Immaginati mentre comunichi apertamente e con empatia con le persone care.

Affermazioni positive: Ripeti affermazioni come "Sono capace di costruire relazioni sane e appaganti" o "Merito di essere amato e rispettato".

Meditazione e mindfulness: Pratiche di meditazione e mindfulness aiutano a calmare la mente e a coltivare la compassione, favorendo relazioni più armoniose.

Oltre alle tecniche sopra citate:

Assumi la responsabilità: È importante assumersi la responsabilità delle proprie azioni e del proprio comportamento nelle relazioni. Riconosci i tuoi errori e impegnati a migliorarti.

Sii aperto al cambiamento: Le relazioni richiedono impegno e flessibilità. Sii disposto a cambiare e ad adattarti per far crescere le tue relazioni.

Cerca supporto: Se hai difficoltà nelle tue relazioni, non aver paura di chiedere aiuto. Un professionista qualificato può aiutarti a comprendere le dinamiche relazionali e a sviluppare strategie per migliorare le tue relazioni.

Utilizzando il subconscio in modo consapevole, puoi costruire relazioni più profonde, appaganti e durature.

Nel prossimo capitolo, riassumeremo i punti chiave e forniremo consigli pratici per applicare le tecniche apprese in questo libro.

Capitolo 6: Conclusione e Consigli Pratici

In questo libro, abbiamo esplorato il potere del subconscio e come può essere utilizzato per:

Diventare un vincitore nella vita: Sviluppare la fiducia in sé stessi, la perseveranza e la mentalità necessaria per raggiungere i propri obiettivi.

Sfida te stesso e rompere schemi mentali limitanti: Affrontare le paure, uscire dalla zona di comfort e abbracciare il cambiamento per crescere e migliorarsi.

Migliorare la salute: Rafforzare il sistema immunitario, gestire lo stress e l'ansia, e adottare uno stile di vita sano.

Costruire relazioni più profonde: Imparare a comunicare in modo efficace, sviluppare l'empatia e risolvere i conflitti.

Consigli pratici per applicare le tecniche apprese:

Scegli un obiettivo su cui vuoi lavorare: Inizia con un obiettivo specifico e realizzabile. Concentrati su un solo obiettivo alla volta per evitare di disperdere le tue energie.

Sii costante: La chiave per ottenere risultati è la pratica costante. Dedica un po' di tempo ogni giorno alle tecniche che hai scelto, come la riformulazione del dialogo interiore, la visualizzazione o la meditazione.

Assumi un atteggiamento positivo: Abbi fiducia in te stesso e nelle tue capacità. Credere nella possibilità di raggiungere i tuoi obiettivi è fondamentale per il successo.

Non scoraggiarti: Se non vedi risultati immediati, non scoraggiarti. Il cambiamento richiede tempo e pazienza. Continua a praticare le tecniche con perseveranza e fiducia.

Ricorda: Il subconscio è uno strumento potente che può aiutarti a realizzare i tuoi sogni e a vivere la vita che desideri. Sfrutta il suo potere con consapevolezza e impegno per creare la tua realtà di successo e felicità.

In aggiunta ai consigli pratici sopra elencati:

Cerca ispirazione: Leggi libri, articoli e blog sul potere del subconscio. Ascolta podcast e guarda video che ti possono ispirare e motivare.

Unisciti a una comunità: Trova un gruppo di persone che condividono il tuo interesse per il subconscio. Condividere esperienze e consigli con altri può essere molto utile e motivante.

Consulta un professionista: Se hai difficoltà a utilizzare il subconscio da solo, puoi consultare un professionista qualificato, come un terapista o un coach.

Il tuo viaggio verso il successo e la felicità inizia ora. Sfrutta il potere del tuo subconscio per creare la vita che hai sempre sognato.

Metafora

Il risveglio di Sara: Una storia di trasformazione

Sara era una donna che si sentiva persa e insoddisfatta. Lavorava in un'azienda che non le piaceva, era in una relazione stagnante e si sentiva priva di fiducia in sé stessa. Un giorno, capitò in libreria e il suo sguardo fu catturato da un libro intitolato "Il Potere del Subconscio".

Spinta dalla curiosità, Sara acquistò il libro e iniziò a leggerlo con avidità. Scoprì il potere nascosto della sua mente e come poteva utilizzarlo per cambiare la sua vita. Iniziò a mettere in pratica le tecniche descritte nel libro, come la riformulazione del dialogo interiore, la visualizzazione e la meditazione.

All'inizio, non fu facile. Sara era abituata a pensare negativamente e a dubitare di sé stessa. Ma con la pratica costante, iniziò a vedere dei cambiamenti. La sua autostima crebbe, la sua mente divenne più positiva e iniziò ad avere più fiducia nelle sue capacità.

Dopo alcuni mesi, la vita di Sara era completamente trasformata. Aveva lasciato il lavoro che non le piaceva e aveva trovato una nuova occupazione che la rendeva felice. Aveva trovato la forza di chiudere la sua relazione stagnante e si era aperta a nuove possibilità. Era più energica, entusiasta e felice di vivere.

La storia di Sara è un esempio di come il potere del subconscio può essere utilizzato per trasformare la propria vita. Con impegno e perseveranza, è possibile cambiare i propri pensieri, le proprie emozioni e le proprie abitudini per creare la vita che si desidera.

Ecco alcuni spunti di riflessione tratti dalla storia di Sara:

L'insoddisfazione può essere un punto di partenza per il cambiamento. Se non sei soddisfatto della tua vita, non aver paura di cercare nuove strade.

Il subconscio è uno strumento potente che può essere utilizzato per migliorare la tua vita. Impara a conoscere il suo potere e come utilizzarlo per raggiungere i tuoi obiettivi.

La pratica costante è la chiave per il successo. Non aspettarti risultati immediati. Continua a praticare le tecniche con perseveranza e fiducia.

Il cambiamento è possibile. Con impegno e dedizione, puoi creare la vita che hai sempre sognato.

Se ti senti come Sara all'inizio della sua storia, non scoraggiarti. Il tuo viaggio verso il successo e la felicità inizia ora. Sfrutta il potere del tuo subconscio per creare la vita che hai sempre desiderato.

Cosa è e come evitare l'autosabotaggio

L'autosabotaggio è un fenomeno molto comune che può manifestarsi in diverse aree della vita di una persona. Può riguardare la sfera lavorativa, le relazioni personali, la salute mentale e persino il raggiungimento di obiettivi personali. In parole semplici, l'autosabotaggio si verifica quando una persona inconsciamente o consapevolmente adotta comportamenti o atteggiamenti che ostacolano il raggiungimento dei suoi obiettivi o il suo benessere.

L'autosabotaggio può avere molte cause, ma una delle più diffuse è la paura del successo. Può sembrare strano, ma molte persone si auto sabotano perché, inconsciamente, hanno paura di cosa potrebbe accadere se ottenessero ciò che desiderano. Potrebbero temere di non essere in grado di gestire il successo, di non essere all'altezza delle aspettative o di dover affrontare cambiamenti significativi nella loro vita. Invece di affrontare queste paure, preferiscono rimanere nella loro zona di comfort, anche se ciò significa non progredire o raggiungere i propri obiettivi.

L'autosabotaggio può anche essere influenzato da convinzioni limitanti o da una bassa autostima. Se una persona non si considera all'altezza o non crede di meritare il successo, è probabile che finirà per auto-sabotarsi a un certo punto. Ad esempio, potrebbe procrastinare costantemente, non impegnarsi al massimo o auto-criticarsi in modo eccessivo, tutto per evitare la possibilità di fallire o deludere sé stessa o gli altri. Come evitare l'autosabotaggio dipende molto dalla consapevolezza e dal lavoro interiore che una persona è disposta a fare. Innanzitutto, è importante individuare i propri schemi di autosabotaggio e le situazioni in cui si manifestano. Si può tenere un diario per registrare i propri pensieri, le emozioni o i comportamenti che potrebbero rappresentare segnali di allarme di autosabotaggio. Questo processo di auto-riflessione può aiutare a identificare le cause sottostanti e le convinzioni limitanti che potrebbero essere alla base dell'autosabotaggio.

Una volta identificati questi schemi, è possibile lavorare per sostituirli con nuove abitudini e atteggiamenti positivi. Ad esempio, se si tende a procrastinare, si può creare una routine di lavoro che permetta di affrontare subito le cose più difficili o di rompere i compiti in piccoli passi gestibili. Invece di auto-sabotarsi con pensieri negativi, si possono adottare affermazioni positive e pratiche di autocompassione per rafforzare l'autostima e la fiducia in sé stessi.

Lavorare con un professionista, come uno psicologo o un coach, può essere molto utile nel processo di superare l'autosabotaggio. Attingere a un sostegno esterno e lavorare con un esperto può fornire un ambiente sicuro e guidato per affrontare le paure, superare le convinzioni limitanti e sviluppare strategie pratiche per evitare l'autosabotaggio.

Va sottolineato che l'autosabotaggio non è sinonimo di debolezza o vigliaccheria. È un meccanismo di difesa che si sviluppa inconsciamente per proteggere sé stessi da ciò che viene percepito come una minaccia. Tuttavia, superare l'autosabotaggio richiede coraggio, impegno e lavoro interiore. È un atto di auto-affermazione e crescita personale che può portare a una maggiore felicità, autostima e successo nella vita. L'autosabotaggio è un fenomeno comune che può essere sperimentato da molte persone. Tuttavia, è possibile evitare l'autosabotaggio identificando i propri schemi di autosabotaggio, lavorando sulle convinzioni limitanti e sostituendo i vecchi comportamenti con nuove abitudini positive. Oltre a ciò, è importante ricordare che l'autosabotaggio non è un atto di vigliaccheria, ma può essere superato con coraggio e impegno per guidare verso una vita più gratificante e appagante.

Come evitare l'autosabotaggio attraverso la consapevolezza e il lavoro interiore

L'autosabotaggio è un fenomeno molto comune che può impedire alle persone di raggiungere i propri obiettivi e il loro benessere. Fortunatamente, è possibile evitare l'autosabotaggio attraverso la consapevolezza e il lavoro interiore. In questo capitolo, esploreremo in dettaglio come individuare i propri schemi di autosabotaggio, le situazioni in cui si manifestano e come utilizzare un diario di auto-riflessione per identificare le cause sottostanti e le convinzioni limitanti. La consapevolezza è il primo passo per evitare l'autosabotaggio. Per essere consapevoli dei propri schemi di autosabotaggio, è necessario sviluppare una maggiore attenzione verso i propri pensieri, emozioni e comportamenti. Spesso, i segnali di allarme di autosabotaggio possono essere subdoli, quindi è importante prestare attenzione ai dettagli e alle sfumature delle proprie esperienze quotidiane. Una strategia utile per sviluppare la consapevolezza degli schemi di autosabotaggio è tenere un diario. Questo diario può fungere da strumento di auto-riflessione, aiutandoci a registrare i nostri pensieri, le emozioni e i comportamenti che potrebbero essere collegati all'autosabotaggio. Ad esempio, potremmo notare che spesso procrastiniamo quando ci troviamo di fronte a un compito impegnativo o che ci critichiamo in modo eccessivo quando commettiamo un errore. Scrivere nel diario ci aiuta a portare alla luce i modelli di pensiero e di comportamento che ci sabotano. Ci consente di avere un'immagine chiara di cosa sta accadendo quando siamo tentati di auto-sabotarci.   Una volta identificati i nostri schemi di autosabotaggio, è possibile iniziare a esplorare le cause sottostanti e le convinzioni limitanti che potrebbero esserne la radice. Questo processo di auto-riflessione richiede di andare oltre il semplice riconoscimento delle azioni di autosabotaggio e di esplorare quale potrebbe essere la motivazione o il timore che ci spinge a sabotarci. Ad esempio, potremmo scoprire che procrastiniamo perché temiamo di non essere all'altezza delle aspettative o di non riuscire a gestire il successo. Questo timore potrebbe essere legato a convinzioni limitanti come "Sono una persona incapace" o "Non merito di avere successo". Identificare queste convinzioni limitanti è fondamentale perché solo attraverso questa consapevolezza possiamo

iniziare a sfidarle e a sostituirle con pensieri più positivi e self-empowering.
Una volta che siamo consapevoli dei nostri schemi di autosabotaggio e delle cause sottostanti, possiamo iniziare a sviluppare nuove abitudini e atteggiamenti che ci aiutino ad evitarli. Ad esempio, se notiamo che a volte ci auto-sabotiamo con la procrastinazione, possiamo concentrarci sulla creazione di una routine di lavoro che ci consenta di affrontare subito i compiti più difficili o di suddividerli in piccoli passi gestibili.

Inoltre, possiamo utilizzare tecniche di gestione dello stress e di auto-cura per evitare di cadere vittima dell'autosabotaggio nelle situazioni ad alto livello di stress. Queste possono includere pratiche come la meditazione, il lavoro di respirazione, l'attività fisica o la ricerca di sostegno da parte di amici e familiari. Una componente importante per evitare l'autosabotaggio è anche quella di sviluppare un atteggiamento di autocompassione. Molte volte ci auto-sabotiamo perché abbiamo una bassa autostima o crediamo di non meritare il successo. L'autocompassione ci aiuta a riconoscere che tutti noi possiamo commettere errori o fare scelte sbagliate e che è normale. Quando ci diamo il permesso di commettere errori e di apprendere dalle nostre esperienze, riduciamo la tendenza all'autosabotaggio e possiamo invece concentrarci sulla crescita personale e sul raggiungimento dei nostri obiettivi.

Lavorare con un professionista, come uno psicologo o un coach, può essere estremamente utile nel processo di evitare l'autosabotaggio. Questi professionisti possono fornire un ambiente sicuro e guidato per esplorare le cause sottostanti, le convinzioni limitanti e sviluppare strategie pratiche per superare l'autosabotaggio. Possono anche offrire un sostegno emozionale e un'opportunità per esplorare nuovi modi di pensare e di comportarsi che promuovano il successo e il benessere.

È importante ricordare che l'evitare l'autosabotaggio richiede tempo, pazienza e costanza. Non si tratta di un processo semplice o immediato, ma con impegno e dedizione, è possibile creare nuovi modelli di pensiero e di comportamento che ci supportino nel raggiungere i nostri obiettivi.

In sintesi, evitare l'autosabotaggio richiede consapevolezza e lavoro interiore. Attraverso l'individuazione dei nostri schemi di autosabotaggio e il riconoscimento delle situazioni in cui si manifestano, possiamo iniziare a esplorare le cause sottostanti e le convinzioni limitanti. Utilizzando un diario di auto-riflessione, possiamo registrare i nostri pensieri, le emozioni e i comportamenti che possono essere collegati all'autosabotaggio. Aver chiaro i nostri schemi e le cause sottostanti, possiamo quindi sviluppare nuove abitudini e atteggiamenti che sostengano il nostro successo e il nostro benessere. Lavorare con un professionista può essere un ottimo supporto in questo processo. Ricorda, evitare l'autosabotaggio richiede tempo e pazienza, ma il risultato può essere una vita più appagante e gratificante.

Un esempio di esercizio pratico ed efficace per evitare l'autosabotaggio è la tecnica del "cambiamento dei paradigmi". Questa tecnica coinvolge il riconsiderare la propria prospettiva e le convinzioni limitanti che possono portare all'autosabotaggio. Ad esempio, se si crede di non essere all'altezza di un compito o di non meritare il successo, si può riflettere su prove passate di successo e sulle proprie competenze e abilità. Questo aiuta a creare un nuovo paradigma che sostiene il successo e il benessere.

Un esempio di cambiamento di paradigma potrebbe essere cambiare la convinzione "non sono bravo abbastanza" in "sono sempre disposto a imparare e a migliorare". Questo nuovo paradigma permette di affrontare le sfide in modo più positivo e costruttivo, evitando l'autosabotaggio.

Un altro esercizio utile per evitare l'autosabotaggio è la pratica del "dialogo interiore consapevole". Questo coinvolge l'ascolto attivo dei propri pensieri e il riconoscimento degli autocommenti negativi o critici. Quando si viene a conoscenza di questi pensieri, si può fermarsi e sostituire il pensiero negativo con uno più positivo e self-empowering. Ad esempio, se si sta affrontando una sfida o un ostacolo e si pensa "non ce la farò mai", ci si può fermare e dire a sé stessi "posso farlo se ci provo e imparo dagli errori".

Questo esercizio richiede pratica e costanza, ma può aiutare a cambiare i modelli di pensiero auto-sabotanti e promuovere uno stato mentale più positivo e fiducioso.

Oltre alla consapevolezza e al lavoro interiore, può essere utile creare un sistema di supporto. Questo può includere amici, familiari o un professionista come uno psicologo o un coach. Condividere le proprie sfide e i propri obiettivi con gli altri può aiutare a ottenere una prospettiva diversa e a ricevere sostegno ed incoraggiamento. Inoltre, un professionista può fornire un ambiente sicuro per esplorare le cause sottostanti, le convinzioni limitanti e sviluppare strategie personalizzate per evitare l'autosabotaggio.

Infine, è importante ricordare che evitare l'autosabotaggio richiede tempo e pazienza. Si tratta di un processo che può richiedere mesi o anche anni, a seconda del grado di autosabotaggio e delle sfide individuali. Ci saranno momenti in cui si potrebbe cadere nella vecchia abitudine di auto sabotarsi, ma è fondamentale imparare a perdonarsi e a tornare sulla strada giusta. Il lavoro interiore richiede dedizione e impegno costanti, ma alla fine può portare a una vita più autentica e gratificante.

Per riassumere, per evitare l'autosabotaggio è fondamentale sviluppare la consapevolezza dei propri schemi di autosabotaggio e delle situazioni in cui si manifestano. Tenere un diario di auto-riflessione può aiutare a identificare le cause sottostanti e le convinzioni limitanti. Utilizzare la tecnica del cambiamento dei paradigmi e del dialogo interiore consapevole può aiutare a sostituire i pensieri auto-sabotanti con pensieri più positivi e self-empowering. Creare un sistema di supporto, sia con amici e familiari che con un professionista, può offrire sostegno ed incoraggiamento nel processo di evitare l'autosabotaggio. Infine, è importante ricordare che il lavoro interiore richiede tempo e pazienza, ma alla fine può portare a una vita più autentica e gratificante.

Piano d'azione per migliorarsi

Un piano d'azione ben definito è essenziale per il successo personale. Creeremo insieme un piano d'azione personalizzato per affrontare e superare le sfide che incontriamo lungo il nostro cammino di crescita. Il personale è un viaggio continuo di auto-apprendimento, esplorazione e crescita. Per raggiungere i nostri obiettivi e il nostro pieno potenziale, è essenziale un piano di azione chiaro e ben definito. In questo capitolo, esploreremo i passaggi fondamentali per creare un piano di azione efficace che ti aiuterà a realizzare i tuoi obiettivi di miglioramento personale. Il primo passo per creare un piano di azione per il miglioramento personale è definire obiettivi chiari, specifici e realistici. Chiediti cosa vuoi ottenere e perché è importante per te. Sii sincero con te stesso e fai una lista dei tuoi desideri nel breve, medio e lungo termine. Identifica le azioni necessarie per raggiungere ogni obiettivo. Rompi ogni obiettivo in modo perico piccoli passaggi e le azioni che devi compiere per avanzare verso il tuo obiettivo. Sii realistico riguardo alle risorse e al tempo necessario per ogni azione. Una volta identificate le azioni necessarie, crea un piano temporale che ti aiuterà a organizzarti nel tempo. Assegna una data di inizio e una data di scadenza per ciascuna azione e impegnati il più possibile. Assicurati di considerare eventuali ostacoli o imprevisti che potrebbero influenzare il tuo programma e agisci di conseguenza.

È importante monitorare il tuo progresso verso gli obiettivi e valutare se stai andando nella direzione desiderata. Tieni traccia dei tuoi successi e dei tuoi fallimenti e impara dagli errori. Se necessario, apporta modifiche al tuo piano di azione per adattarlo alle tue evoluzioni.

Il cammino verso il miglioramento personale può essere difficile e pieno di sfide. È fondamentale mantenere la tua motivazione e il tuo impegno per superare gli ostacoli e perseverare verso i tuoi obiettivi. Trova fonti di ispirazione e sostegno che ti aiutino a rimanere concentrato e a perseguire i tuoi sogni.

Non dimenticare di celebrare i tuoi successi lungo il percorso. Ogni piccolo traguardo raggiunto merita di essere festeggiato e ti aiuterà a mantenere alta la tua fiducia in te stesso. Sii orgoglioso dei progressi che hai compiuto e usa il tuo successo come motivazione per crescere.

Un piano d'azione per migliorarsi è uno strumento prezioso per raggiungere i tuoi obiettivi di crescita personale. Con una pianificazione attenta, una messa in pratica costante e una sana dose di motivazione, puoi realizzare il tuo pieno potenziale. Ricorda: il piano è solo l'inizio. Il vero lavoro consiste nel metterlo in pratica con dedizione e perseveranza.

Dopo aver definito il piano d'azione per il miglioramento personale, è essenziale creare un piano operativo dettagliato per mettere in pratica le azioni necessarie. Ecco come puoi creare un piano operativo efficace per perseguire i tuoi obiettivi di crescita personale.

Prima di tutto, identifica tutte le risorse necessarie per portare a termine le azioni pianificate. Queste risorse potrebbero includere tempo, denaro, competenze, supporto sociale o qualsiasi altro elemento necessario per il successo. Assicurati di avere accesso a tutte le risorse necessarie o pianifica come ottenerle.   Assegna chiaramente le responsabilità per ciascuna azione pianificata. Se stai lavorando in un team, assicurati che ogni membro sappia quali sono i propri compiti e le proprie responsabilità. Chiarezza e trasparenza sono fondamentali per evitare confusioni o ritardi.

Assegna a ciascuna azione una data di inizio e una data di scadenza chiare e realistiche. Questo ti aiuterà a mantenere il controllo del tuo tempo e a rimanere concentrato sulle tue priorità. Assicurati di considerare eventuali dipendenze tra le diverse azioni e pianifica di conseguenza.

Crea un sistema per monitorare e valutare il progresso verso i tuoi obiettivi. Puoi utilizzare strumenti come checklist, grafici di Gantt o software di project management per tenere traccia delle tue azioni e dei tuoi risultati. Assicurati di aggiornare regolarmente il tuo piano operativo in base ai cambiamenti nelle circostanze o nei requisiti.

Prevedi risorse di backup nel caso in cui qualcosa vada storto o si verifichino imprevisti lungo il percorso. Ad esempio, se una risorsa chiave diventa improvvisamente indisponibile, assicurati di avere un piano alternativo per affrontare la situazione senza compromettere i tuoi obiettivi.

Comunica chiaramente il tuo piano operativo a tutte le parti interessate e assicurati che ci sia un efficace coordinamento tra tutti i membri del team o le persone coinvolte nel processo. Una comunicazione aperta e trasparente è essenziale per garantire il successo del piano operativo.

Infine, ricorda che un piano operativo deve essere adattabile e flessibile per affrontare i cambiamenti e le sfide che possono emergere lungo il percorso. Non esitare a modificare il tuo piano in base alle nuove informazioni o alle circostanze impreviste che possono influenzare il tuo percorso di crescita personale. Creare un piano operativo dettagliato ti aiuterà a tradurre i tuoi obiettivi di miglioramento personale in azioni concrete e a mantenere il focus sulle tue priorità. Seguendo questi passaggi e mantenendo un impegno costante, sarai in grado di perseguire con successo i tuoi obiettivi e raggiungere il tuo pieno potenziale.

Oltre a un piano operativo per il miglioramento personale, è importante sviluppare un piano specifico per migliorare la tua salute mentale e il tuo benessere psicologico. Ecco come puoi creare un piano per migliorarsi mentalmente:

Pratica la consapevolezza: La consapevolezza è la base del benessere mentale. Dedica del tempo ogni giorno alla pratica della consapevolezza, come la meditazione, la respirazione consapevole o la scansione corporea. Queste pratiche ti aiuteranno a sviluppare una maggiore consapevolezza di te stesso, delle tue emozioni e dei tuoi pensieri.

Cura il tuo corpo: Il benessere mentale è strettamente legato al benessere fisico. Assicurati di adottare uno stile di vita sano, che includa una dieta equilibrata, esercizio fisico regolare e un adeguato riposo. Mantenere il tuo corpo sano è fondamentale per mantenere anche la tua mente sana.

Pratica l'autocompassione: Sii gentile con te stesso e trattati con compassione e gentilezza. Evita di auto-criticarti o giudicarti duramente e impara a perdonare te stesso per i tuoi errori e le tue imperfezioni. La pratica dell'autocompassione ti aiuterà a sviluppare una maggiore fiducia in te stesso e una maggiore resilienza emotiva.

Crea una routine quotidiana: Una routine quotidiana strutturata può aiutarti a ridurre lo stress e l'ansia, e a migliorare il tuo benessere mentale complessivo. Cerca di stabilire una routine che includa attività che ti portino gioia e soddisfazione, come hobby, tempo trascorso con amici e familiari, e momenti di relax.

Cura le relazioni interpersonali: Le relazioni significative sono fondamentali per il benessere mentale. Investi tempo ed energia nelle relazioni con le persone che ti sono care e cerca di coltivare connessioni significative e autentiche. Il supporto sociale è un fattore chiave nel mantenere una buona salute mentale.

Impara a gestire lo stress: Illo stress può avere un impatto significativo sulla tua salute mentale. Impara tecniche di gestione dello stress, come la respirazione profonda, la visualizzazione creativa, o l'ascolto di musica rilassante. Trova attività che ti aiutino a rilassarti e a ripristinare l'equilibrio mentale e emotivo.

Cerca supporto professionale: Se stai affrontando problemi di salute mentale più gravi, non esitare a cercare supporto professionale. Parla con un terapeuta o un consulente per ricevere supporto e consulenza personalizzati. La terapia può essere estremamente efficace nel gestire problemi come ansia, depressione, stress o traumi. Infine, pratica la gratitudine ogni giorno. Prendi il tempo per riflettere su ciò per cui sei grato nella tua vita e cerca di concentrarti sugli aspetti positivi anziché su quelli negativi. La pratica della gratitudine può aiutarti a sviluppare una prospettiva più ottimista e a migliorare il tuo benessere mentale complessivo.

Creare un piano per migliorarsi mentalmente richiede impegno e dedizione, ma può avere un impatto significativo sulla tua salute mentale e sul tuo benessere complessivo. Seguendo questi passaggi e impegnandoti a lavorare costantemente su te stesso, sarai in grado di sviluppare una mente sana e resiliente che ti permetterà di affrontare le sfide della vita con fiducia e resilienza.

Allena la tua mente per pensare con creatività

Il pensiero creativo e una mentalità positiva sono essenziali per affrontare le sfide della vita con successo. In questo capitolo, esploreremo le tecniche per potenziare il nostro pensiero creativo e coltivare una mentalità positiva che ci sostenga nel perseguire i nostri obiettivi.

Il pensiero creativo è l'abilità di generare idee nuove e originali. Quando affrontiamo problemi e sfide, il pensiero creativo ci consente di esplorare diverse

prospettive e di trovare soluzioni innovative e inaspettate. Una delle tecniche più
efficaci per stimolare il pensiero creativo è il brainstorming, che ci permette di
generare idee in libertà, senza giudizio o censura. Utilizzando mappe mentali,
possiamo visualizzare connessioni e concetti in modo visivo, aiutandoci a trovare
nuove soluzioni. Il pensiero laterale ci invita a esplorare alternative inusuali,
sfidando le convenzioni e aprendo nuove strade.

La mentalità positiva è un atteggiamento costruttivo e fiducioso che ci permette
di affrontare le sfide con determinazione e ottimismo. Vediamo le difficoltà come
opportunità di crescita e ci impegniamo a perseverare anche quando le cose si
fanno difficili. La gratitudine è una tecnica potente per coltivare una mentalità
positiva, poiché ci aiuta a focalizzarci sugli aspetti positivi della vita, anche
quando le cose sembrano buie. Le affermazioni positive rafforzano la fiducia in sé
stessi e ci aiutano a visualizzare il raggiungimento dei nostri obiettivi,
alimentando la nostra determinazione e motivazione. Sviluppare il pensiero
creativo e una mentalità positiva è un processo continuo che richiede impegno
costante. È importante ricordare che affrontare le sfide con creatività e
ottimismo può portare a risultati tangibili e al successo. Credere in sé stessi e
nelle proprie capacità è fondamentale, così come accettare che gli errori sono
parte integrante del processo creativo. Abbraccia il tuo potenziale e persegui i
tuoi sogni con tenacia, sapendo che ogni ostacolo può essere superato con
determinazione e una mentalità positiva. Il pensiero creativo e una mentalità
positiva sono armi potenti che ci permettono di affrontare le sfide della vita con
coraggio e fiducia. Utilizzando tecniche come il brainstorming, le mappe mentali,
le affermazioni positive e la gratitudine, possiamo potenziare la nostra creatività
e coltivare una mentalità positiva che ci sostenga nel nostro percorso di crescita
personale. Con impegno e pratica costante, possiamo affrontare qualsiasi sfida
con determinazione e ottimismo, raggiungendo così il successo e la realizzazione
dei nostri obiettivi.

Esploriamo più approfonditamente le tecniche che possono aiutarci a potenziare
il pensiero creativo e a coltivare una mentalità positiva.

Brainstorming: Il brainstorming è una tecnica collaudata per generare idee in
modo creativo e libero. Riunendo un gruppo di persone e mettendo da parte il
giudizio critico, siamo in grado di esplorare una vasta gamma di possibilità.
Durante una sessione di brainstorming, è importante incoraggiare la libera
espressione delle idee, anche quelle più strane o non convenzionali. L'obiettivo è
quello di generare un gran numero di idee, senza preoccuparsi di valutarle o
giudicarle inizialmente.

Mappe mentali: Le mappe mentali sono un modo efficace per visualizzare connessioni e concetti in modo visivo. Iniziamo scrivendo una parola chiave o un concetto al centro di un foglio di carta e poi disegnando rami che si diramano da essa, ciascuno rappresentante un'idea correlata. Possiamo aggiungere ulteriori rami e sotto-rami, creando così una mappa visiva dei nostri pensieri e delle nostre associazioni. Le mappe mentali sono utili per esplorare idee in modo non lineare e per trovare connessioni inaspettate tra concetti apparentemente diversi.

Pensiero laterale: Il pensiero laterale è un approccio alla risoluzione dei problemi che ci invita a esplorare alternative inusuali e fuori dagli schemi convenzionali. Per esercitare il pensiero laterale, possiamo porci domande insolite, come "Quali sarebbero le soluzioni se non ci fossero limiti?" o "Come potremmo risolvere questo problema se lo guardassimo da una prospettiva completamente diversa?". Questo ci aiuta a superare i limiti del pensiero convenzionale e a trovare soluzioni creative e innovative.

Gratitudine: La gratitudine è una pratica potente per coltivare una mentalità positiva. Prendiamo del tempo ogni giorno per riflettere su ciò per cui siamo grati nella nostra vita, anche nelle situazioni difficili. Focalizzarci sugli aspetti positivi ci aiuta a mantenere una prospettiva ottimista e a sviluppare una maggiore resilienza di fronte alle avversità. Possiamo tenere un diario della gratitudine, annotando ogni giorno tre cose per cui siamo grati, o semplicemente prendere qualche istante per riflettere su ciò che ci rende felici e apprezzare le piccole gioie della vita.

Affermazioni positive: Le affermazioni positive sono dichiarazioni che ci aiutano a rafforzare la nostra fiducia in noi stessi e a visualizzare il raggiungimento dei nostri obiettivi. Possiamo creare affermazioni personalizzate che riflettano le nostre aspirazioni e i nostri valori, come "Sono pieno di fiducia e determinazione" o "Raggiungo con successo i miei obiettivi". Ripetendo queste affermazioni regolarmente, sia ad alta voce che mentalmente, possiamo cambiare il nostro dialogo interno e rafforzare la nostra autostima.

Visualizzazione: La visualizzazione è una pratica che ci consente di immaginare il raggiungimento dei nostri obiettivi in modo vivido e dettagliato. Chiudiamo gli occhi e ci immaginiamo mentre raggiungiamo i nostri obiettivi, visualizzando ogni passo del processo e sperimentando le emozioni positive associate al successo. La visualizzazione ci aiuta a mantenere la motivazione e a concentrarci sulle nostre mete, facendoci sentire più fiduciosi e determinati nel nostro percorso di crescita personale.

Le tecniche di pensiero creativo e di mentalità positiva sono strumenti potenti che ci aiutano a affrontare le sfide della vita con coraggio e fiducia. Utilizzando il brainstorming, le mappe mentali, il pensiero laterale, la gratitudine, le affermazioni positive e la visualizzazione, possiamo potenziare la nostra creatività e coltivare una mentalità positiva che ci sostenga nel nostro percorso di crescita personale. Con impegno e pratica costante, possiamo superare qualsiasi ostacolo e raggiungere i nostri obiettivi con determinazione e ottimismo.

Per integrare le tecniche di pensiero creativo e di mentalità positiva nella nostra vita quotidiana, possiamo impegnarci in una serie di esercizi pratici e consapevoli. Ecco alcuni esempi di attività che possono aiutarci a sviluppare queste abilità:

Esercizio del brainstorming individuale: Dedichiamo del tempo ogni giorno a generare idee in libertà su un argomento specifico. Prendiamo una matita e un foglio di carta e scriviamo quante più idee possibili in un breve lasso di tempo. Non c'è bisogno di censurare o giudicare le idee; l'obiettivo è generare quantità piuttosto che qualità. Questo esercizio ci aiuta a potenziare la nostra capacità di pensiero creativo e a sfidare il nostro pensiero convenzionale.

Gratitudine quotidiana: Prima di andare a letto ogni sera, riflettiamo su tre cose per cui siamo grati nella nostra giornata. Possono essere momenti di gioia, piccole vittorie o gesti gentili da parte degli altri. Prendiamo qualche istante per apprezzare le benedizioni nella nostra vita e per concentrarci sugli aspetti positivi. Questo esercizio ci aiuta a coltivare una mentalità positiva e a sviluppare una maggiore consapevolezza della bellezza che ci circonda.

Visualizzazione degli obiettivi: Prima di iniziare una nuova giornata, prendiamo qualche istante per visualizzare il raggiungimento dei nostri obiettivi. Chiudiamo gli occhi e immaginiamo noi stessi mentre otteniamo ciò che desideriamo, visualizzando ogni dettaglio con vividezza e chiarezza. Sperimentiamo le emozioni positive associate al successo e rafforziamo la nostra determinazione nel perseguire i nostri sogni. Questo esercizio ci aiuta a mantenere la motivazione e a concentrarci sulle nostre mete.

Pensiero laterale: Pratichiamo il pensiero laterale esercitando la nostra capacità di trovare soluzioni innovative e inaspettate. Ogni volta che ci troviamo di fronte a un problema, ci poniamo domande insolite e esploriamo alternative non convenzionali. Possiamo sfidare noi stessi a pensare almeno a tre soluzioni diverse per ogni problema e valutare le loro potenziali implicazioni. Questo esercizio ci aiuta a superare i limiti del pensiero convenzionale e a trovare soluzioni creative ai nostri problemi.

Affermazioni positive: Ogni mattina, dedichiamo qualche minuto a ripetere affermazioni positive su noi stessi e sui nostri obiettivi. Scegliamo frasi che riflettano le nostre aspirazioni e i nostri valori e le ripetiamo ad alta voce o mentalmente con convinzione e fiducia. Le affermazioni positive ci aiutano a cambiare il nostro dialogo interno e a rafforzare la nostra autostima, preparandoci mentalmente per affrontare la giornata con ottimismo e determinazione.

Esplorazione delle passioni: Dedichiamo del tempo ogni settimana a esplorare le nostre passioni e interessi personali. Ci impegniamo in attività che ci appassionano e ci stimolano creativamente, sia che si tratti di scrivere, dipingere, cucinare, fare escursioni o praticare uno sport. Lasciamo che la nostra creatività si esprima liberamente e troviamo gioia nel processo creativo stesso. Questo esercizio ci aiuta a nutrire la nostra anima e a coltivare una mentalità aperta e curiosa verso il mondo.

Esame delle convinzioni limitanti: Ogni volta che ci troviamo a pensare in modo negativo o limitante, esaminiamo attentamente le nostre convinzioni e valutiamo se sono veramente fondate sulla realtà. Sfideremo attivamente le nostre credenze limitanti e cercheremo prove contrarie che possano sostenerci nel superare gli ostacoli e perseguire i nostri obiettivi. Questo esercizio ci aiuta a liberarci dalle barriere mentali e a coltivare una mentalità aperta e flessibile verso il cambiamento e la crescita.

Impegnandoci in esercizi pratici e consapevoli, possiamo sviluppare il pensiero creativo e coltivare una mentalità positiva che ci sostenga nel perseguire i nostri obiettivi e affrontare le sfide della vita con coraggio e determinazione. Con pratica costante e impegno sincero, possiamo trasformare la nostra visione del mondo e realizzare il nostro pieno potenziale.

Crea una mentalità positiva

Creare una mentalità positiva è fondamentale per vivere una vita soddisfacente e affrontare le sfide quotidiane con ottimismo e resilienza. Si tratta di un modo di pensare che si concentra sugli aspetti positivi della vita, permettendo alle persone di vedere le difficoltà come opportunità di crescita e di sentirsi grate per ciò che hanno.

L'importanza di una mentalità positiva non può essere sottovalutata. Numerosi studi hanno dimostrato che coloro che adottano questo approccio alla vita tendono a godere di una migliore salute mentale e fisica, una maggiore resilienza, una maggiore produttività, relazioni più positive e un maggiore senso di felicità e appagamento.

Ma come si crea una mentalità positiva? Ci sono diversi modi per coltivare questo modo di pensare:

In primo luogo, è importante prestare attenzione ai propri pensieri. Sii consapevole di come parli a te stesso e cerca di sostituire i pensieri negativi con quelli positivi. Ad esempio, invece di concentrarti su ciò che potrebbe andare storto, focalizzati su ciò che potrebbe andare bene e su come puoi affrontare le sfide in modo costruttivo.

In secondo luogo, concentra la tua attenzione sulle cose per cui sei grato. Ogni giorno, prenditi un momento per riflettere sulle cose positive della tua vita, anche le più piccole. Riconoscere e apprezzare ciò che hai ti aiuterà a mantenere una prospettiva positiva anche durante i momenti difficili.

In terzo luogo, affronta le sfide con un atteggiamento positivo. Le difficoltà sono inevitabili nella vita, ma puoi scegliere come reagire ad esse. Sviluppa un atteggiamento di crescita e affronta le sfide come opportunità di imparare e crescere, anziché come ostacoli insormontabili.

Inoltre, cerca di circondarti di persone positive. Le persone con cui trascorri il tempo possono influenzare il tuo modo di pensare e il tuo atteggiamento verso la vita. Cerca di stabilire relazioni con individui ottimisti e incoraggianti che ti sostengano nei momenti di difficoltà e ti ispirino a perseguire i tuoi obiettivi.

Infine, dedicati ad attività che ti fanno stare bene. Svolgere attività che ti appassionano e che ti fanno sentire felice può contribuire a migliorare il tuo umore e la tua prospettiva di vita. Trova il tempo per fare ciò che ami e per prenderti cura di te stesso.
Creare una mentalità positiva richiede impegno e pratica costante, ma i benefici che ne derivano sono inestimabili. Mantenere una prospettiva ottimista sulla vita ti permetterà di affrontare le sfide con coraggio e determinazione, e di godere di una maggiore felicità e appagamento in ogni aspetto della tua vita.

Risveglia il tuo potenziale e rompi gli schemi mentali

Gli schemi mentali sono modelli di pensiero che si formano nel tempo in base alle nostre esperienze, credenze e valori. Possono essere utili in alcuni casi, aiutandoci a prendere decisioni rapide e ad affrontare situazioni familiari. Tuttavia, possono anche diventare trappole che ci impediscono di vedere nuove possibilità e di esplorare nuovi territori.

Immagina di avere il desiderio ardente di cambiare carriera e intraprendere un nuovo percorso professionale. Tuttavia, ogni volta che pensi di fare il grande passo, una voce nella tua mente inizia a sussurrarti dubbi e paure: "Non sono abbastanza bravo", "Non sono capace di farlo", "Non sono sicuro di me stesso". Queste sono le credenze negative su di te stesso che possono diventare potenti barriere nel tuo cammino verso il cambiamento.

Oppure, considera la paura del fallimento. Immagina di avere un'opportunità unica di presentare un progetto importante al tuo capo, ma la paura del fallimento ti paralizza: "Se ci provo, fallirò", "È meglio non rischiare", "Non sono abbastanza bravo per riuscire". Questi sono esempi di schemi mentali che possono impedirti di cogliere opportunità e di realizzare il tuo pieno potenziale.

Alcuni esempi di schemi mentali limitanti includono anche il perfezionismo, la rigidità mentale e l'autosabotaggio. Il perfezionismo ti spinge a pensare che devi essere perfetto in tutto quello che fai, impedendoti di accettare i tuoi errori e di imparare da essi. La rigidità mentale ti fa credere che ci sia solo un modo di fare le cose, chiudendoti alla possibilità di esplorare nuove idee e approcci. L'autosabotaggio ti porta a sabotare i tuoi sforzi e a auto-sabotarti per paura del successo o della felicità.

Risvegliare il potenziale

Per risvegliare il nostro potenziale, è fondamentale rompere gli schemi mentali che ci limitano. Ecco alcuni suggerimenti pratici per farlo:

Diventa consapevole dei tuoi schemi mentali: Il primo passo per rompere gli schemi mentali limitanti è diventare consapevoli di essi. Prendi nota dei tuoi pensieri e delle tue emozioni, e cerca di individuare i modelli ricorrenti che ti tengono intrappolato in comportamenti autodistruttivi.

Sfida le tue credenze negative: Una volta identificati i tuoi schemi mentali limitanti, è importante metterli in discussione. Domandati se le tue credenze su di te stesso e sul mondo sono vere. Ci sono prove a sostegno di queste credenze? Cerca di trovare evidenze che contraddicano le tue convinzioni negative e sostituiscile con pensieri positivi e costruttivi.

Abbraccia il fallimento: Il fallimento è una parte naturale del processo di apprendimento e crescita. Non aver paura di sbagliare, ma piuttosto abbraccia il fallimento come un'opportunità di imparare e crescere. Rifletti sui tuoi errori, impara dalle tue esperienze e utilizza ciò che hai imparato per migliorare nel futuro.

Sii flessibile e aperto a nuove idee: Non c'è un solo modo di fare le cose, e ci sono molte strade diverse per raggiungere un obiettivo. Sii flessibile e aperto a nuove idee e approcci, e non avere paura di esplorare nuove possibilità. Sperimenta nuove attività, impara nuove abilità e mettiti alla prova in nuove situazioni.

Abbi fiducia in te stesso: Infine, è fondamentale avere fiducia nelle proprie capacità e nel proprio potenziale. Credi nelle tue capacità di affrontare le sfide e di realizzare i tuoi obiettivi, e non permettere a nessuno di dirti che non puoi farlo. Visualizza il successo, immagina te stesso raggiungere i tuoi obiettivi e lavora duramente per renderlo una realtà.

Risvegliare il nostro potenziale e rompere gli schemi mentali che ci limitano è un processo che richiede tempo, impegno e dedizione. Tuttavia, i benefici che ne derivano sono inestimabili. Liberare il nostro potenziale illimitato ci permette di vivere una vita più ricca, più appagante e più significativa, e di raggiungere livelli di successo e realizzazione che mai avremmo pensato possibili.

Esercizi pratici

Scrivi un elenco di schemi mentali limitanti che ti impediscono di raggiungere i tuoi obiettivi.

Scegli uno schema mentale dall'elenco e sfida le tue credenze negative.

Prova un nuovo approccio per affrontare una sfida che stai affrontando, utilizzando un pensiero più flessibile e aperto.

Rifletti su come ti senti dopo aver rotto uno schema mentale limitante, e identifica eventuali cambiamenti positivi nel tuo atteggiamento e nel tuo comportamento.

Ascolto e silenzio attivo

Estratto dal libro "Ascolto attivo" di Vincenzo Raimondi.

L'ascolto attivo rappresenta una competenza cruciale nella comunicazione umana. È molto più di un semplice atto di sentire le parole di qualcuno; è un processo impegnativo e profondo che coinvolge la comprensione empatica e la connessione emotiva.

Questo tipo di ascolto va al di là della mera ricezione delle parole: implica una presenza mentale completa e una consapevolezza dell'altro individuo. È un'arte che richiede concentrazione, empatia e rispetto.

Nelle relazioni interpersonali, l'ascolto attivo è un pilastro fondamentale. Essere ascoltati attivamente dona valore alle persone, crea fiducia e costruisce legami più solidi. In contesti professionali, favorisce la comprensione reciproca, riduce i fraintendimenti e migliora la collaborazione.

Questo libro mira a esplorare i diversi aspetti dell'ascolto attivo, fornendo non solo una comprensione teorica ma anche strumenti pratici per sviluppare questa competenza. Vedremo come praticare un ascolto attivo autentico e significativo, esplorando le tecniche e le sfumature che lo caratterizzano.

Infine, il libro si propone di aiutare i lettori a integrare questa abilità nelle loro relazioni personali e professionali, offrendo vantaggi tangibili nel migliorare la qualità della comunicazione e la profondità dei legami umani.

Fondamenti dell'ascolto attivo

Comunicazione efficace:

Concetti di base per una comunicazione chiara ed efficace. La comunicazione efficace è il fondamento su cui si basa l'ascolto attivo. Essa non riguarda solo ciò che diciamo, ma anche come lo diciamo e come ascoltiamo gli altri.

La comunicazione efficace è il pilastro su cui si regge ogni forma di relazione umana. Si compone di diversi aspetti interconnessi che vanno oltre il semplice scambio di parole. È fondamentale comprendere che essa non si limita solo a ciò che esprimiamo verbalmente ma coinvolge anche il linguaggio non verbale e l'atteggiamento che adottiamo durante l'interazione. Esprimere le proprie idee in modo semplice, diretto e comprensibile. Evitare ambiguità o parole complesse che possano generare fraintendimenti. Organizzare le informazioni in modo logico e coerente, usando una sequenza di idee che si susseguono in modo naturale. Non si tratta solo di parlare, ma anche di sapere ascoltare attivamente gli altri. Questo implica dare attenzione, comprendere, e rispondere in modo appropriato al messaggio dell'interlocutore.

Linguaggio del Corpo. Il nostro corpo parla tanto quanto le parole. Esprimiamo emozioni e intenzioni attraverso gesti, posture, e espressioni facciali. È importante mantenere un linguaggio del corpo che sia coerente con il messaggio che stiamo comunicando.

Intonazione della voce. La modulazione della voce, il tono e l'intonazione possono dare diversi significati alle stesse parole. Una stessa frase può essere interpretata in modi differenti a seconda di come viene pronunciata.

Empatia: Comprendere le emozioni e i punti di vista dell'altro. Questa capacità è cruciale per stabilire connessioni significative durante una conversazione.

Feedback Costruttivo: Fornire feedback in modo positivo e costruttivo, aiutando a migliorare la comunicazione e facilitando una migliore comprensione reciproca.

Essere in grado di adattare il proprio stile comunicativo in base alla situazione e alla persona con cui si sta interagendo.

La comunicazione efficace si basa sulla capacità di trasmettere il proprio messaggio in modo chiaro, ascoltare attivamente gli altri, e adattarsi alle diverse situazioni e contesti comunicativi. È un equilibrio tra la trasmissione efficace delle informazioni e la comprensione delle sfumature nell'interazione umana.

La chiarezza nella comunicazione è fondamentale per trasmettere un messaggio in modo efficace. Essenzialmente, si tratta di essere comprensibili ed evitare possibili fraintendimenti attraverso un linguaggio chiaro e una struttura logica delle idee.

Per esempio, se vuoi comunicare un concetto complesso, potresti usare esempi o metafore che rendano più accessibile ciò che stai cercando di spiegare. Ridurre l'uso di termini tecnici o ambigui è altrettanto importante per assicurarti che il tuo pubblico capisca esattamente ciò che intendi.

Immagina di spiegare il concetto di "intelligenza artificiale" a qualcuno che non ne ha mai sentito parlare. Invece di usare termini complessi, potresti dire: "L'intelligenza artificiale è come un computer che impara a fare cose da solo, come riconoscere le immagini o prendere decisioni, imitando l'intelligenza umana."

Questa chiarezza nel messaggio può essere raggiunta anche strutturando le idee in maniera logica e sequenziale. Ad esempio, se stai scrivendo un testo, organizzare le informazioni in paragrafi chiari e ben definiti aiuta i lettori a seguire il tuo ragionamento senza confusione.

In sintesi, la chiarezza richiede un linguaggio comprensibile, l'uso di esempi o metafore quando necessario e una struttura logica delle idee per garantire che il messaggio sia compreso senza ambiguità.

Empatia e comprensione

l'empatia e la comprensione giocano ruoli centrali nella comunicazione efficace. Essenzialmente, l'empatia significa essere in grado di comprendere e sentire le emozioni e le prospettive degli altri. Quando si tratta di comunicare in modo efficace, ecco alcuni punti chiave:

Essere empatici significa non solo ascoltare le parole, ma anche cogliere le emozioni e le sfumature non espresse direttamente. L'ascolto attivo coinvolge l'osservazione del linguaggio del corpo, dei toni di voce e delle espressioni facciali per capire meglio ciò che l'altro sta comunicando.

Mettersi nei panni dell'interlocutore significa comprendere la loro prospettiva, anche quando diverge dalla propria. Ciò richiede apertura mentale e la volontà di comprendere le ragioni dietro le opinioni e le azioni degli altri, senza necessariamente condividerle.

Durante una conversazione, è utile confermare la propria comprensione di ciò che è stato detto. Ripetere ciò che l'altro ha detto o fare domande per chiarire dimostra interesse e impegno nell'ascolto attivo.

Mostrare empatia nelle risposte può essere cruciale per stabilire un legame significativo. Esprimere comprensione e rispetto per le emozioni altrui aiuta a creare un ambiente in cui entrambe le parti si sentono ascoltate e apprezzate.

Esempi concreti possono essere:

Ambiente di lavoro, Un capo empatico che comprende le sfide personali dei dipendenti può adottare politiche flessibili che favoriscono un miglior equilibrio tra lavoro e vita privata.

Relazioni personali, essere empatici in una relazione significa comprendere le emozioni del partner e rispondere di conseguenza, offrendo supporto quando necessario e dimostrando comprensione nelle situazioni difficili.

Negoziazione: Durante trattative o discussioni, mostrare empatia e comprendere il punto di vista dell'altro può condurre a compromessi più soddisfacenti per entrambe le parti.

La pratica costante dell'empatia e della comprensione può migliorare significativamente la qualità della comunicazione, creando relazioni più forti e connessioni più autentiche.

Feedback e conferma

Il feedback è cruciale per assicurarsi che il messaggio sia stato compreso correttamente. Chiedere feedback e confermare la comprensione del messaggio attraverso parafrasi o domande di chiarimento migliora la chiarezza e rafforza il legame comunicativo. Il feedback è un elemento fondamentale della comunicazione. Si tratta di una risposta o una reazione a un messaggio, un'azione o un comportamento. La sua importanza deriva dal fatto che aiuta a stabilire se il messaggio è stato compreso correttamente, se ha avuto l'effetto desiderato e se è stato ricevuto nel modo previsto.

Per spiegare meglio, immagina una situazione in cui spieghi un concetto a qualcuno. Chiedere feedback in questo contesto significherebbe chiedere all'interlocutore se ha compreso correttamente quello che hai detto. Questo può avvenire attraverso domande come: "Sono riuscito a spiegarmi e a farmi capire?" oppure "C'è qualcosa che non è chiaro?".

Inoltre, per confermare la comprensione, si possono utilizzare parafrasi o domande di chiarimento. Ad esempio, se hai spiegato qualcosa a qualcuno, chiedergli di ripetere con le proprie parole quanto appena spiegato può essere un modo efficace per verificare la comprensione. Se la persona è in grado di riassumere correttamente il concetto, conferma che ha compreso. In breve, il feedback è il processo attraverso il quale si verifica se il messaggio è stato capito correttamente e se ha raggiunto il suo scopo Chiedere feedback e confermare la comprensione sono strumenti essenziali

Ascolto attivo come pilastro

L'ascolto attivo emerge come uno dei pilastri principali della comunicazione efficace. È l'abilità di ascoltare veramente, non solo con le orecchie ma anche con la mente e il cuore, che consente di comprendere appieno il significato delle parole e delle emozioni trasmesse.

L'ascolto attivo è fondamentale nella comunicazione efficace poiché va oltre il semplice udire le parole di qualcuno. Ecco alcuni punti chiave e comportamenti pratici che possono aiutare a praticare l'ascolto attivo:

Fissare lo sguardo e la postura corporea: Mantenere il contatto visivo può indicare interesse e attenzione, fissare lo sguardo in mezzo alle due ciglia e non direttamente negli occhi darà l'impressione che starai guardando negli occhi e quindi denota una tua attenzione e ti consente di non battere ciglia e ti fa vedere

come una persona sicura ma è importante farlo in modo naturale e non invadente. La postura aperta e rilassata aiuta a comunicare disponibilità e interesse verso il parlante.

Rispecchiare e confermare: Ripetere, parafrasare o riassumere ciò che l'altra persona ha detto aiuta a dimostrare comprensione e interesse genuino per ciò che stanno comunicando. Ad esempio, "Quindi, se ho capito bene, dici che..."

Esprimere empatia: Mostrare empatia attraverso espressioni facciali, linguaggio del corpo e risposte verbali può aiutare a creare un legame emotivo. Frasi come "Posso immaginare che questo sia stato difficile per te" mostrano compassione e supporto.

Evitare interruzioni: Ascoltare attivamente significa dare spazio al parlante senza interromperlo. Anche se si ha l'impulso di rispondere o aggiungere qualcosa, concedere alla persona il tempo necessario per esprimersi completamente è importante.

Rispettare le emozioni dell'altro: Accettare e rispettare le emozioni dell'altro senza giudizio è fondamentale nell'ascolto attivo. Anche se non si condivide la stessa prospettiva, è importante rispettare e riconoscere le emozioni dell'altro.

Porre domande aperte: Le domande aperte incoraggiano il parlante a esprimersi in modo più dettagliato, permettendo una maggiore comprensione e approfondimento del discorso.

L'ascolto attivo può essere praticato in diverse situazioni, come in un colloquio di lavoro, durante una conversazione informale con amici o familiari, in un incontro di counseling o in qualsiasi contesto che coinvolga la comunicazione tra individui.

Sperimentare queste pratiche può migliorare notevolmente la capacità di ascolto attivo, consentendo una comunicazione più efficace e profonda con gli altri.

Questi concetti fondamentali costituiscono la base su cui si costruisce un processo di comunicazione chiara ed efficace, fornendo le fondamenta su cui sviluppare e praticare l'ascolto attivo.

La comunicazione efficace è un elemento fondamentale in ogni interazione umana, sia essa personale o professionale. I concetti chiave per una comunicazione chiara ed efficace includono:

Chiarezza del messaggio

esprimersi in modo chiaro è essenziale per garantire una comunicazione efficace. Ecco alcuni suggerimenti e esempi pratici su come ottenere chiarezza nel messaggio:

Struttura il messaggio: Organizza il tuo pensiero in modo logico. Inizia con un'introduzione chiara, seguita da punti principali e una conclusione definitiva. Ad esempio, se stai scrivendo un'email, potresti iniziare con un saluto, seguito dal motivo del messaggio e poi da dettagli o richieste specifiche.

Usa un linguaggio semplice: Evita l'uso eccessivo di termini tecnici o complessi se non sono necessari. Sii consapevole del tuo pubblico e adatta il linguaggio di conseguenza. Ad esempio, spiegare un concetto tecnico a un pubblico non specializzato richiede una terminologia più accessibile.

Evita ambiguità: Sii diretto e specifico. Evita frasi vaghe o ambigue che potrebbero essere interpretate in modi diversi. Un esempio è sostituire frasi come "forse potremmo farlo" con qualcosa di più chiaro come "propongo di fare questo".

Sii conciso: Cerca di essere breve ed esaustivo. Evita divagazioni che possano confondere il messaggio principale. Ad esempio, anziché scrivere paragrafi lunghi, separa le informazioni chiave in punti distinti.

Esempi esplicativi: Quando possibile, usa esempi concreti per chiarire il tuo punto. Ad esempio, se stai spiegando un concetto astratto, fornisci un esempio pratico per renderlo più comprensibile.

Se hai la possibilità, chiedi agli altri di rileggere il tuo messaggio per assicurarti che sia chiaro, può essere molto utile per individuare eventuali aree di miglioramento.

Presenza mentale

La presenza mentale coinvolge l'intero essere durante l'ascolto. Oltre a concentrarsi e prestare attenzione, implica anche una comprensione profonda ed empatica delle emozioni e delle intenzioni dell'interlocutore. Essere mentalmente presenti consente di cogliere non solo le parole, ma anche i sentimenti e i pensieri impliciti nel messaggio dell'altro.

Questi tre elementi insieme creano le basi per un ascolto attivo efficace. Quando combinati, permettono di comprendere appieno l'esperienza e il significato di ciò che viene comunicato, facilitando una connessione più autentica e profonda con gli altri.

L'empatia e la comprensione rappresentano una parte vitale dell'ascolto attivo e della comunicazione significativa. Mettersi nei panni dell'altro va oltre il semplice ascoltare le parole: coinvolge la capacità di comprendere le emozioni, le prospettive e le esperienze dell'altra persona.

Empatia come ponte emotivo

Essere empatici significa essere in sintonia con le emozioni e le sensazioni altrui. Questo ponte emotivo permette di stabilire connessioni più forti e profonde, poiché si riconoscono e si rispettano i sentimenti dell'altro.

Comprendere senza giudicare

Accogliere e comprendere il punto di vista dell'altra persona senza giudizio. Questo comporta mettere da parte i pregiudizi personali e aprire la mente a nuove prospettive, consentendo una comunicazione più aperta e inclusiva.

Favorire una relazione autentica

La comprensione è la chiave per costruire relazioni autentiche. Quando si pratica l'ascolto empatico, si crea uno spazio sicuro in cui l'altro individuo si sente compreso e accettato, contribuendo a rafforzare il legame tra le persone.

Migliorare la comunicazione durante l'ascolto è cruciale per comprendere non solo le parole, ma anche il contesto emotivo sottostante. Ecco alcuni modi pratici per farlo:

Ascolto attivo: È fondamentale concentrarsi completamente sull'interlocutore. Mantieni il contatto visivo, mostra interesse e usa segnali verbali e non verbali per confermare di essere impegnato nella conversazione.

Ripetere e chiarire: È utile ripetere brevemente ciò che hai compreso dalla conversazione per confermare la tua comprensione. Chiedere chiarimenti in modo rispettoso aiuta a evitare fraintendimenti.

Evitare le interruzioni: Lascia che l'interlocutore completi il suo pensiero prima di rispondere. Dare spazio e tempo alla persona per esprimersi favorisce una comunicazione più efficace.

Porsi domande aperte: Utilizza domande che incoraggiano l'altro a esprimersi in modo più approfondito anziché limitarsi a risposte sì/no. Questo può portare a una comprensione più dettagliata delle emozioni e dei pensieri dell'interlocutore.

Osservazione non verbale: Oltre alle parole, presta attenzione ai segnali non verbali come espressioni facciali, postura e tono di voce. Questi possono fornire preziose indicazioni sulle emozioni dietro le parole, la tua presenza mentale crea connessioni.

Ad esempio, se qualcuno parla della sua giornata, potresti notare una leggera espressione triste quando menziona un certo evento. Qui, concentrarsi sulle emozioni potrebbe portare a una risposta in sintonia, come offrire supporto o conforto, piuttosto che limitarsi a commentare sull'evento stesso.

Migliorare la comunicazione durante l'ascolto implica quindi una combinazione di attenzione che va oltre la presenza fisica.

Nelle situazioni di conflitto, la presenza mentale empatica può essere un catalizzatore per la risoluzione pacifica. Comprendere i sentimenti e le prospettive dell'altro aiuta a trovare soluzioni che tengano conto delle esigenze di entrambe le parti, facilitando la mediazione e la comprensione reciproca.

In conclusione, la presenza mentale e la comprensione giocano un ruolo essenziale nell'ascolto attivo, nella comunicazione autentica e nel consolidare relazioni significative. Questi elementi costituiscono la base per un dialogo empatico che va oltre le parole, abbracciando la ricchezza delle esperienze umane.

Il rispetto e l'accettazione sono elementi fondamentali per creare un ambiente di ascolto autentico e inclusivo, libero da pregiudizi e giudizi.

Rispetto come fondamento

Il rispetto è la base su cui si costruisce un'interazione positiva. Si tratta di riconoscere e valorizzare l'unicità dell'altro individuo, mostrando considerazione e cortesia nel dialogo.

Silenzio attivo

Il silenzio attivo rappresenta un elemento potente nell'ambito dell'ascolto attivo, poiché favorisce l'approfondimento e la riflessione durante le interazioni.

Definizione di silenzio attivo

Il silenzio attivo non riguarda solo la mancanza di parole, ma è un momento intenzionale e consapevole in cui si dà spazio e si permette alla conversazione di respirare senza riempirla con parole superflue. È un'opportunità di dare importanza non solo a ciò che viene detto, ma anche a ciò che non viene detto, consentendo un'elaborazione più profonda delle informazioni.

Il silenzio attivo favorisce l'approfondimento, offre tempo per elaborare le informazioni ricevute durante la conversazione. Questo spazio consente di comprendere meglio il significato e le implicazioni di ciò che è stato comunicato, facilitando una risposta più ponderata e accurata.

Invito alla riflessione nel contesto dell'ascolto attivo, il silenzio può essere un'opportunità per riflettere sulle emozioni e sui pensieri che emergono durante la conversazione. Favorisce una connessione più profonda con le proprie reazioni e con quelle dell'altro individuo, permettendo una comprensione più approfondita delle dinamiche in gioco.

Elementi chiave del silenzio attivo, presenza consapevole: Il silenzio attivo richiede una presenza mentale consapevole durante l'interazione, permettendo di essere pienamente presenti e concentrati.

Ascolto senza giudizio: Durante il silenzio attivo, si pratica l'ascolto senza giudizio, accogliendo i pensieri e le emozioni senza necessariamente rispondere verbalmente.

Tempo per l'elaborazione: Questo momento di silenzio offre il tempo necessario per elaborare le informazioni ricevute, permettendo una comprensione più approfondita e una risposta più ponderata.

Benefici del silenzio attivo

Approfondimento della comprensione: Favorisce una comprensione più profonda delle informazioni scambiate.

Crea spazio per l'empatia: Consente di connettersi più profondamente alle emozioni e alle prospettive dell'altro individuo.

Promuove una comunicazione più significativa: Il silenzio attivo consente una comunicazione più riflessiva e autentica.

ecco un esempio pratico e alcuni esercizi per praticare il silenzio attivo:

Esempio pratico: Immagina di essere coinvolto in una conversazione emotivamente carica con un amico che sta affrontando una situazione difficile. Durante il suo racconto, potresti praticare il silenzio attivo. Mentre ascolti attentamente, fai in modo di non interrompere e di non riempire i momenti di silenzio con parole superficiali. Concedi spazio alle parole e, quando necessario, lascia che il silenzio stesso rispecchi il tuo sostegno e la tua disponibilità ad ascoltare senza giudizio.

Esercizi per praticare il silenzio attivo:

Esercizio di ascolto attivo: Scegli una conversazione quotidiana e impegna te stesso a praticare il silenzio attivo. Focalizzati sull'ascolto senza interruzioni, lasciando spazio alla persona per esprimersi completamente prima di rispondere.

Meditazione del silenzio: Dedica alcuni minuti al giorno alla meditazione del silenzio. Siediti in un luogo tranquillo, concentrandoti sul respiro e sull'ascolto dei suoni circostanti senza giudicarli. Questo esercizio aiuta a sviluppare la consapevolezza e la capacità di rimanere tranquilli nel silenzio. Journaling riflessivo: Dopo una conversazione significativa, prenditi del tempo per riflettere sul silenzio attivo che hai praticato. Scrivi i tuoi pensieri, le emozioni e le osservazioni fatte durante quei momenti di silenzio consapevole. Questo ti aiuterà a comprendere meglio l'efficacia del silenzio attivo nelle tue interazioni.

Praticare il silenzio attivo richiede tempo e consapevolezza. Con questi esercizi, potrai gradualmente sviluppare questa abilità e renderla parte integrante del tuo modo di interagire con gli altri. In conclusione, il silenzio attivo è un'importante componente dell'ascolto attivo in quanto offre l'opportunità di approfondire la comprensione, riflettere sul significato delle interazioni e favorire una connessione più autentica con gli altri. Quando utilizzato con consapevolezza, può arricchire notevolmente la qualità delle relazioni e delle conversazioni.

La riflessione emotiva è un elemento essenziale nell'ambito dell'ascolto attivo poiché coinvolge la gestione e la comprensione delle emozioni proprie e dell'altro durante l'interazione.

Consapevolezza delle proprie emozioni

La riflessione emotiva inizia con la consapevolezza delle proprie emozioni. Essere consapevoli dei propri stati emotivi durante un'interazione permette di gestirli in modo adeguato, evitando che influenzino negativamente la comunicazione.

Empatia verso le emozioni altrui

La riflessione emotiva implica anche la capacità di comprendere e rispettare le emozioni dell'altro individuo. Essere empatici nei confronti delle emozioni dell'interlocutore consente di creare un legame più forte e autentico durante la conversazione.

Gestione dell'empatia

Mentre è importante essere empatici, è altrettanto cruciale gestire le proprie emozioni per evitare di essere sopraffatti da esse durante l'ascolto. Mantenere un equilibrio tra l'empatia verso l'altro e il mantenimento della propria stabilità emotiva aiuta a preservare una comunicazione chiara e costruttiva.

Comunicazione rispettosa delle emozioni

Durante l'ascolto attivo, è importante comunicare rispettosamente le proprie emozioni, se appropriato. Questo può favorire una maggiore comprensione reciproca e contribuire a una comunicazione più autentica e trasparente.

Elementi chiave della riflessione emotiva

Consapevolezza: Essere consapevoli delle proprie emozioni e dei loro effetti sull'interazione.

Empatia: Comprendere e rispettare le emozioni dell'altro senza essere sopraffatti da esse.

Gestione emotiva: Mantenere un equilibrio tra l'empatia e la gestione delle proprie emozioni per favorire una comunicazione efficace.

Benefici della riflessione emotiva

Miglior comprensione: Favorisce una comprensione più profonda delle emozioni sottostanti durante l'interazione.

Relazioni più solide: La capacità di gestire e comprendere le emozioni contribuisce a relazioni più solide e significative.

Comunicazione più autentica: Favorisce una comunicazione autentica e trasparente basata sulla comprensione reciproca delle emozioni.

In sintesi, la riflessione emotiva è un elemento chiave nell'ascolto attivo e nel silenzio attivo, poiché coinvolge la gestione consapevole delle emozioni proprie e dell'altro durante le interazioni, contribuendo a una comunicazione più efficace, autentica e rispettosa.

Esempio pratico:

Immagina di essere coinvolto in una discussione con un amico che esprime frustrazione per un evento. Durante questa conversazione, puoi applicare i concetti della riflessione emotiva:

Consapevolezza: Sii consapevole delle tue emozioni mentre ascolti il tuo amico. Riconosci come ti senti riguardo alla situazione e come queste emozioni influenzano la conversazione.

Cerca di comprendere la prospettiva e le emozioni del tuo amico senza essere sopraffatto dalle tue reazioni emotive. Mostra interesse autentico e rispetto per i suoi sentimenti.

Mantieni un equilibrio tra l'empatia per il tuo amico e la gestione delle tue emozioni. Se senti che le tue emozioni influenzano negativamente la comunicazione, cerca di gestirle in modo da non interferire con il supporto che vuoi offrire.

Esercizi per sviluppare la riflessione emotiva:

Meditazione sulla consapevolezza emotiva: Dedica alcuni minuti al giorno a concentrarti sulle tue emozioni. Riconosci e accetta i tuoi sentimenti senza giudizio. Puoi annotare queste emozioni in un diario emotivo.

Gioco del cambio di prospettiva: Immagina di essere nella situazione emotiva di qualcun altro. Chiediti come ti sentiresti e come reagiresti. Questo esercizio aiuta a comprendere meglio le emozioni degli altri.

Praticare l'ascolto attivo e il silenzio attivo durante le conversazioni quotidiane, concentra la tua attenzione sulle emozioni espresse dall'altra persona. Cerca di rispecchiarle o riassumerle per mostrare comprensione.

Analisi post-interazione: Dopo un'interazione emotivamente carica, rifletti su come hai gestito le tue emozioni e quelle degli altri. Identifica punti di forza e aree in cui potresti migliorare.

Sviluppare la riflessione emotiva richiede pratica costante e consapevolezza. Integrare regolarmente questi esercizi nella tua routine può aiutarti a migliorare la tua capacità di gestire le emozioni proprie e degli altri durante le conversazioni.

L'applicazione dell'ascolto attivo nelle relazioni personali, sia familiari, amicali che romantiche, riveste un ruolo fondamentale nella costruzione di legami saldi e profondi.

Ambito familiare

Nel contesto familiare, l'ascolto attivo favorisce una comunicazione più aperta e rispettosa. Essere empatici e presenti durante le conversazioni con i membri della famiglia aiuta a creare un ambiente di comprensione reciproca. L'ascolto attivo consente di gestire meglio i conflitti e le divergenze, promuovendo un clima di fiducia e supporto all'interno della famiglia.

Relazioni amicali

Nelle relazioni amicali, l'ascolto attivo è cruciale per mantenere legami autentici. Essere presenti mentalmente e emotivamente durante le interazioni consente di comprendere meglio i bisogni, le preoccupazioni e le gioie degli amici. Ciò favorisce un supporto più significativo e una connessione più profonda, alimentando relazioni durature basate sulla fiducia e sull'empatia reciproca.

Ambito romantico

Nelle relazioni romantiche, l'ascolto attivo è fondamentale per stabilire una connessione emotiva profonda. Essere presenti e attenti durante le conversazioni permette di comprendere le esigenze emotive del partner. L'ascolto attivo in una relazione romantica crea un ambiente in cui entrambi i partner si sentono ascoltati, compresi e accettati, favorendo l'intimità emotiva e la solidità del legame.

Elementi chiave nelle relazioni personali

Comprendere e rispettare i sentimenti e le prospettive dell'altro.

Creare uno spazio sicuro per esprimere pensieri e emozioni senza timori.

Affrontare i conflitti in modo rispettoso, cercando soluzioni insieme.

Supporto reciproco: Essere presenti per supportarsi reciprocamente nelle sfide e nelle gioie della vita.

Benefici dell'ascolto attivo nelle relazioni personali

Favorisce una comprensione più profonda e autentica tra le persone coinvolte.

Creazione di legami solidi: Contribuisce a costruire relazioni basate sulla fiducia e rispetto reciproco.

Gestire i conflitti in modo costruttivo, rafforzando la relazione anziché danneggiarla.

In conclusione, l'ascolto attivo è un elemento cruciale nelle relazioni personali, poiché favorisce una comunicazione più aperta, autentica e rispettosa, alimentando legami profondi e significativi nelle varie sfere della vita.

L'ascolto attivo sul lavoro

L'applicazione dell'ascolto attivo sul lavoro è fondamentale per migliorare la comunicazione e favorire un ambiente professionale più collaborativo ed efficiente.

Comprendere le esigenze e le prospettive

Nel contesto lavorativo, l'ascolto attivo consente di comprendere meglio le esigenze, le prospettive e le sfide dei colleghi e dei collaboratori. Questo favorisce una migliore gestione delle aspettative e una comunicazione più chiara e mirata.

Collaborazione efficace

Essere presenti e concentrati durante le interazioni lavorative aiuta a creare un clima di collaborazione più efficace. L'ascolto attivo permette di riconoscere e valorizzare le competenze e le idee degli altri membri del team, favorendo un ambiente di lavoro inclusivo e rispettoso.

Risoluzione dei problemi

L'ascolto attivo è cruciale nella risoluzione dei problemi sul posto di lavoro. Consente di identificare con precisione le sfide, analizzare i punti di vista e trovare soluzioni collaborative. Questo riduce i fraintendimenti e contribuisce a prendere decisioni più informate.

Miglioramento della leadership

I leader che praticano l'ascolto attivo sono in grado di guidare in modo più efficace. Essi dimostrano empatia, ascoltando i dipendenti e coinvolgendoli nelle decisioni, il che porta a un maggior coinvolgimento e a un senso di appartenenza al team.

Elementi chiave nell'ascolto attivo sul lavoro

Comprendere le prospettive degli altri con rispetto e considerazione.

Chiarezza e comprensione: Essere sicuri di aver compreso correttamente le informazioni trasmesse.

Collaborazione: Favorire un clima di lavoro collaborativo e aperto.

Feedback costruttivo: Dare e ricevere feedback in modo aperto e costruttivo per migliorare continuamente la comunicazione.

Benefici dell'ascolto attivo sul lavoro

Migliorata comunicazione: Una comunicazione più chiara e efficace tra i membri del team.

Team più coeso: Favorisce un senso di coesione e fiducia tra i colleghi.

Migliori soluzioni: Conduce a decisioni più informate e soluzioni più efficaci.

In sintesi, l'ascolto attivo sul posto di lavoro è cruciale per migliorare la comunicazione, favorire una cultura di collaborazione e consentire una gestione più efficace delle sfide e dei problemi lavorativi. Quando praticato con impegno, può portare a una maggiore soddisfazione lavorativa e a un ambiente professionale più positivo e produttivo.

Sub-modalità dell'ascolto attivo

Le sub-modalità dell'ascolto attivo includono diversi elementi che vanno oltre la semplice capacità di ascoltare le parole dell'altro. Questi comprendono:

Contatto visivo

Il contatto visivo è fondamentale nell'ascolto attivo. Mantenere un contatto visivo adeguato mostra interesse e impegno nell'interazione. Uno sguardo diretto comunica apertura e attenzione, rafforzando il legame con l'interlocutore e indicando che si è presenti e concentrati.

Linguaggio del corpo

Il linguaggio del corpo gioca un ruolo cruciale nell'ascolto attivo. Esprimere apertura attraverso la postura, come mantenere una posizione aperta e rilassata, può facilitare un ambiente più accogliente e confortevole per chi parla. La postura aperta dimostra disponibilità e interesse nell'ascoltare l'altro.

Tonalità vocale

La tonalità vocale è importante quanto le parole stesse. Una tonalità calda, tranquilla e rassicurante può trasmettere empatia e interesse durante l'ascolto attivo. È cruciale mantenere una tonalità che suggerisca apertura e accoglienza, senza essere giudicante o brusca.

Espressioni facciali

Le espressioni facciali sono un mezzo potente di comunicazione non verbale durante l'ascolto attivo. Un sorriso gentile o un'espressione compassionevole possono indicare empatia e comprensione. Mantenere un'espressione facciale coerente con il tono della conversazione è essenziale per mostrare supporto e comprensione.

Gesti e movimenti

I gesti e i movimenti possono enfatizzare il coinvolgimento e l'attenzione durante l'ascolto attivo. Gestire i gesti in modo naturale ed empatico, come fare leggerezza o annuire, può indicare comprensione e interesse senza interrompere l'altro.

Elementi chiave delle sub-modalità nell'ascolto attivo

Comunicazione non verbale: Contatto visivo, linguaggio del corpo, espressioni facciali e gesti.

Espressione vocale: Tonality vocale, intonazione e ritmo del discorso.

Benefici delle sub-modalità nell'ascolto attivo

Maggiore connessione: Favorisce una connessione più profonda con l'interlocutore.

Clima di ascolto accogliente: Contribuisce a un ambiente di ascolto confortevole e aperto.

In conclusione, le sub-modalità dell'ascolto attivo, che includono contatto visivo, linguaggio del corpo e tonality vocale, insieme alle espressioni facciali e ai gesti, sono elementi fondamentali per trasmettere interesse, empatia e apertura durante le interazioni, facilitando una comunicazione più profonda e significativa.

L'ascolto attivo è come la melodia di una conversazione, composta da molteplici note che vanno oltre le semplici parole: il contatto visivo come la base ritmica, il linguaggio del corpo come armonia, la tonalità vocale come nota principale e le sub-modalità come sfumature che arricchiscono il dialogo. Quando si pratica con consapevolezza e impegno, questa sinfonia dell'ascolto crea legami più profondi, favorisce una comprensione autentica e accorda le relazioni su una frequenza di empatia e connessione autentiche.

ecco un esempio pratico e alcuni esercizi per lavorare sulle sub-modalità dell'ascolto attivo:

Esempio pratico:

Immagina di essere coinvolto in una conversazione con un amico che sta condividendo un momento difficile della sua vita. Vorresti dimostrare un forte impegno nell'ascoltare attentamente e mostrare empatia attraverso le sub-modalità dell'ascolto attivo:

Contatto visivo: Mantieni uno sguardo diretto, evitando di fissare eccessivamente o guardare altrove. L'obiettivo è mostrare interesse e sostegno senza intimidire.

Linguaggio del corpo: Mantieni una postura aperta e rilassata, evitando atteggiamenti chiusi come incrociare le braccia. Mostra disponibilità attraverso la tua postura.

Tonalità vocale: Utilizza una tonalità calma e rassicurante. Evita di suonare troppo distante o troppo coinvolto. Cerca di mantenere un tono che trasmetta sostegno e comprensione.

Espressioni facciali: Usa espressioni facciali rassicuranti, come un sorriso gentile o un'espressione compassionevole quando appropriato. Queste espressioni possono aiutare a mostrare empatia e interesse genuino.

Gesti e movimenti: Usa gesti naturali per sottolineare il tuo coinvolgimento, come annuire o fare leggerezza. Evita gesti distrattivi o movimenti bruschi che potrebbero interrompere la conversazione.

Esercizio pratico:

Pratica di fronte a uno specchio: Esercitati a mantenere il contatto visivo, una postura aperta e a regolare la tonalità della tua voce mentre parli di un argomento che ti interessa. Osserva le tue espressioni facciali e i gesti per assicurarti che siano coerenti con il tuo intento.

Simula situazioni di conversazione: Coinvolgi un amico o un familiare e chiedi loro di condividere un argomento importante per loro. Mettiti nell'ottica dell'ascolto attivo, utilizzando le sub-modalità descritte nell'esempio pratico. Successivamente, chiedi loro un feedback sull'impressione che hai trasmesso.

Registra te stesso: Utilizza un registratore audio o video per registrare una conversazione in cui pratichi l'ascolto attivo. Poi, riascolta o riguarda la registrazione per valutare come hai gestito le sub-modalità.

Ricorda, la pratica costante è essenziale per migliorare nell'ascolto attivo. L'uso consapevole delle sub-modalità può contribuire notevolmente a sviluppare relazioni più profonde e significative attraverso una comunicazione autentica ed efficace.

Conclusioni esci dai tuoi schemi mentali e pratica l'ascolto attivo

"Nel corso di queste pagine, abbiamo esplorato il viaggio intrapreso quando ci siamo avventurati oltre i confini dei nostri schemi mentali e ci siamo immersi nell'arte delicata dell'ascolto attivo.

Abbiamo imparato che uscire dai confini della nostra percezione è un atto coraggioso, un viaggio che ci conduce oltre le nostre convinzioni predefinite, aprendo la porta a un mondo di nuove prospettive e possibilità. È come spalancare una finestra sulla realtà, consentendo ai raggi del cambiamento di penetrare nelle nostre vite.

L'ascolto attivo è stato il nostro compagno di viaggio, un compagno silenzioso ma potente che ci ha guidato nella scoperta delle profondità umane. Non si tratta solo di ascoltare le parole, ma di abbracciare con cuore aperto le emozioni, le esperienze e le storie degli altri. È un atto di generosità, un ponte che connette le nostre anime.

Vi invito a continuare questo viaggio nella vostra vita quotidiana. Portate con voi il coraggio di sfidare i vostri schemi mentali, di guardare al mondo con occhi nuovi e di abbracciare l'ascolto attivo come un'arte da coltivare ogni giorno.

Che questo libro sia una guida, un compagno di viaggio nel vostro percorso verso la consapevolezza e l'empatia. Che possa essere un invito a esplorare, a connettere e a crescere.

E così, con il cuore colmo di gratitudine per il viaggio condiviso. Che il vostro cammino sia illuminato dalla bellezza dell'inaspettato e arricchito dalla profondità dell'ascolto attivo."

Diventa una persona carismatica

Il carisma, spesso definita come un'aura magnetica che attrae gli altri, è una qualità umana altamente desiderabile e influente. Essa è fondamentale in molteplici ambiti della vita, sia personale che professionale. Nell'era della comunicazione e delle interazioni sociali, diventare una persona carismatica può fare la differenza tra il successo e il fallimento, tra l'essere seguiti e l'essere ignorati.

Il primo passo per diventare una persona carismatica è sviluppare un'autoconsapevolezza profonda. Questo significa comprendere appieno se stessi, riconoscere i propri punti di forza e le proprie debolezze, e accettarsi completamente per chi si è. Un individuo consapevole di sé è più autentico e genuino, due qualità essenziali per essere carismatici. Ad esempio, una persona che è consapevole del proprio fascino naturale può utilizzarlo in modo efficace per ispirare e influenzare gli altri.

In secondo luogo, l'empatia è un altro pilastro fondamentale del carisma. Essere empatici significa essere in grado di comprendere e condividere i sentimenti degli altri. Quando si è empatici, siamo in grado di stabilire connessioni profonde con le persone che ci circondano. Un leader carismatico, ad esempio, dimostra empatia verso i suoi dipendenti, ascoltando attivamente le loro preoccupazioni e dimostrando una genuina preoccupazione per il loro benessere.

Un'altra abilità cruciale per diventare carismatici è la comunicazione efficace. Questo va oltre la semplice capacità di parlare bene; si tratta di essere in grado di trasmettere i propri pensieri e le proprie emozioni in modo chiaro e coinvolgente. Una comunicazione efficace implica anche la capacità di ascoltare attivamente gli altri, mostrando un interesse sincero per ciò che hanno da dire. Ad esempio, un oratore carismatico non solo sa come catturare l'attenzione del pubblico con le sue parole, ma è anche in grado di coinvolgerli emotivamente e di ispirarli all'azione.

Per illustrare questo concetto con un esempio concreto, immagina un dirigente aziendale che deve tenere un discorso motivazionale per i suoi dipendenti. Un leader carismatico non si limiterebbe a elencare i dati e le cifre; piuttosto, catturerebbe l'attenzione del pubblico con un aneddoto coinvolgente o una storia ispiratrice. Utilizzerebbe il linguaggio del corpo in modo assertivo, mantenendo il contatto visivo con il pubblico e facendo uso di gesti espressivi. Inoltre, mostrerebbe empatia verso le preoccupazioni dei dipendenti, dimostrando di comprendere le sfide che affrontano e offrendo soluzioni concrete per affrontarle.

Diventare una persona carismatica richiede pratica costante e un impegno a migliorarsi continuamente. È importante essere disposti a mettersi in gioco e ad affrontare situazioni nuove e sfidanti. Inoltre, è fondamentale essere autentici e genuini nelle proprie interazioni con gli altri. Il carisma non può essere falsificato o imitato; deve sorgere naturalmente dalla nostra autenticità e dalla nostra sincerità.

E un processo che richiede autoconsapevolezza, empatia e abilità comunicative efficaci. Essere carismatici può aprire molte porte nella vita personale e professionale, consentendo di stabilire connessioni profonde e di influenzare positivamente gli altri. Con pratica e impegno, chiunque può sviluppare il proprio carisma e raggiungere il successo.

Diventare una persona carismatica è un viaggio intriso di auto esplorazione e crescita personale, un percorso che porta alla scoperta e alla coltivazione di qualità che attirano e ispirano gli altri. È come un giardino che richiede cure amorevoli e attenzione costante per fiorire e emanare la propria bellezza. Attraverso l'autoconsapevolezza, l'empatia e una comunicazione autentlca, possiamo trasformare noi stessi in magneti per il mondo che ci circonda, creando connessioni e influenzando positivamente chi ci sta intorno.

Nel giardino del carisma, l'autoconsapevolezza è il terreno fertile su cui piantare le radici del nostro essere. Conoscere e comprendere i nostri punti di forza, così come i nostri limiti, ci consente di irradiare autenticità e fiducia. Come disse il grande filosofo Socrate: "Conosci te stesso." Questo aforismo millenario ci ricorda l'importanza di esplorare il nostro mondo interiore per manifestare la nostra essenza più autentica.

Ma il giardino del carisma non è completo senza l'empatia, un fiore prezioso che aggiunge colore e profondità alle nostre interazioni. L'empatia ci consente di comprendere e condividere i sentimenti degli altri, creando connessioni autentiche e durature. È come essere un albero solido e possente, le cui radici si intrecciano con quelle degli altri, creando una rete di sostegno e comprensione reciproca. Come diceva Maya Angelou, "La gente dimenticherà cosa hai detto, la gente dimenticherà cosa hai fatto, ma la gente non dimenticherà mai come li hai fatti sentire."

La comunicazione efficace è il sole che bacia delicatamente il giardino del carisma, permettendo ai fiori di sbocciare pienamente. Parole pronunciate con sincerità e ascolto attento sono come petali che danzano al vento, catturando l'attenzione e lasciando un'impronta indelebile nei cuori di coloro che le ricevono. Come disse Ralph Waldo Emerson, "Ciò che diciamo è importante, ma ciò che le persone ricorderanno di più è come le abbiamo fatte sentire."

Insieme, autoconsapevolezza, empatia e comunicazione efficace creano un bouquet di carisma che illumina il mondo intorno a noi. È un'arte sottile, ma potente, che può trasformare le nostre interazioni quotidiane in esperienze significative e influenti. Come giardinieri del nostro destino, dobbiamo impegnarci costantemente a coltivare queste qualità, consapevoli del potere che hanno di arricchire le nostre vite e quelle degli altri.

Nella creazione di una persona carismatica, è essenziale comprendere che non si tratta semplicemente di adottare determinati comportamenti esterni, ma di coltivare genuinità e autenticità dall'interno. Come il sole che splende su un giardino ben curato, il carisma emana naturalmente da coloro che sono in sintonia con la propria essenza e che trasmettono un'autenticità palpabile.

Diventare una persona carismatica è un viaggio che richiede impegno e dedizione, ma i frutti di questo lavoro sono degni di ogni sforzo. Attraverso la consapevolezza di sé, l'empatia e una comunicazione autentica, possiamo illuminare il mondo intorno a noi e creare un impatto positivo duraturo nelle vite degli altri.

Allenare la mente per diventare una persona carismatica richiede pratica e consapevolezza. Ecco alcuni esercizi che possono aiutarti a sviluppare il carisma:

Pratica l'ascolto attivo: Dedica del tempo ogni giorno a praticare l'ascolto attivo. Quando sei in conversazione con qualcuno, concentrati pienamente su ciò che stanno dicendo, facendo domande aperte e mostrando interesse sincero per i loro pensieri e sentimenti. Evita di interrompere o di pensare a cosa dire successivamente mentre stanno parlando. L'ascolto attivo ti aiuterà a creare connessioni più profonde con gli altri e a mostrare empatia, due qualità fondamentali del carisma.

Esercita il linguaggio del corpo: Fai degli esercizi per migliorare la tua postura, il contatto visivo e i gesti aperti e fiduciosi. Mantieni la schiena dritta, tieni il contatto visivo con le persone con cui stai parlando e usa gesti ampi e sicuri per comunicare apertura e fiducia. Puoi praticare davanti a uno specchio per osservare e migliorare la tua espressione corporea.

Crea connessioni sincere: Cerca di stabilire connessioni sincere con le persone che incontri. Fai domande personali e mostra interesse genuino per le loro esperienze e opinioni. Cerca di trovare punti in comune e di condividere le tue storie in modo autentico. La capacità di creare connessioni sincere è fondamentale per il carisma, poiché permette agli altri di sentirsi visti, ascoltati e apprezzati.

Pratica la visualizzazione: Dedica del tempo ogni giorno a visualizzare te stesso come una persona carismatica e magnetica. Immagina di interagire con gli altri con sicurezza, calma e autenticità. Visualizza situazioni in cui hai successo nel comunicare in modo efficace e influenzare positivamente gli altri. La visualizzazione può aiutarti a rafforzare la tua fiducia e a prepararti mentalmente per le interazioni sociali.

Sviluppa la tua autenticità: Sii autentico e genuino nelle tue interazioni con gli altri. Evita di cercare di essere qualcuno che non sei realmente, e invece abbraccia le tue peculiarità e i tuoi punti di forza. Le persone carismatiche sono autentiche e trasmettono sincerità nelle loro azioni e parole. Prenditi del tempo per riflettere su chi sei veramente e su quali valori sono importanti per te, e cerca di vivere in coerenza con essi.

Pratica la gratitudine e la positività: Dedica del tempo ogni giorno a riflettere su ciò per cui sei grato nella tua vita e a concentrarti sulle cose positive che ti circondano. La gratitudine e la positività ti aiutano a mantenere un atteggiamento ottimista e aperto verso gli altri, che è una caratteristica fondamentale del carisma. Scrivi un diario della gratitudine o prenditi del tempo per esprimere riconoscenza verso gli altri, sia verbalmente che attraverso gesti gentili.

Esprimi fiducia in te stesso: Sviluppa una mentalità di fiducia in te stesso e nelle tue capacità. Visualizza il successo e immagina di affrontare le sfide con sicurezza e determinazione. Fai degli esercizi di autoaffermazione e di potenziamento dell'autostima per rafforzare la tua fiducia interiore. Quando ti senti fiducioso in te stesso, trasmetti automaticamente un'energia positiva e magnetica agli altri.

Praticando regolarmente questi esercizi, potrai sviluppare gradualmente il tuo carisma e diventare una persona più influente e affascinante nelle tue interazioni con gli altri. Ricorda che il carisma non si tratta solo di apparire sicuro di sé, ma anche di essere autentico, empatico e genuino nelle tue relazioni con gli altri.

Crea modelli mentali

I modelli mentali sono rappresentazioni di situazioni reali, ipotetiche o immaginarie. Il primo a parlarne fu lo psicologo scozzese Kenneth Craik (1943), secondo il quale la mente costruisce «modelli su piccola scala» della realtà che adopera per prevedere eventi, condurre ragionamenti e fondare spiegazioni. Il nostro cervello si serve dei modelli mentali per:

Capire il mondo che ci circonda

Interpretare quello che vediamo o che ci succede

Organizzare il nostro comportamento in risposta agli stimoli esterni

Predire quello che accadrà in questa o quella circostanza

Decidere cosa fare per raggiungere questo o quell'obiettivo, Essi cominciano a formarsi dalla prima infanzia e si aggiornano continuamente sulla base delle nostre esperienze, della nostra storia personale, di ciò che studiamo, dei condizionamenti esterni che riceviamo.

E così:

A seconda che tu sia un medico, un elettricista, un commerciante, un avvocato …

A seconda dell'educazione che hai ricevuto in famiglia, dei rapporti con i tuoi fratelli o sorelle, delle cose che ti sono state trasmesse dai tuoi …

A seconda di come sono andate le tue prime esperienze amorose, le tue amicizie, il tuo primo impatto con la scuola o col mondo del lavoro …

tenderai a vedere gran parte della realtà attraverso la lente dei modelli mentali che ti sei formato in quelle occasioni. E il motivo è semplice: i modelli mentali sono una maniera molto economica di usare le nostre risorse cerebrali. E, come abbiamo visto in altri articoli, al nostro cervello piace risparmiare energie.

I vantaggi dei modelli mentali

Immagina per un attimo se, ogni volta che ti trovi a interpretare un fenomeno o decidere un comportamento, dovessi ripensare ogni cosa completamente d'accapo!

Chiaramente, combineresti ben poco. Ecco invece che, riconducendo ogni nuova esperienza a modelli mentali che hai imparato in passato, apprendimento e decisioni diventano molto più veloci. Tanto più che, per sua natura, un modello mentale nasce in un determinato ambito, ma può poi essere applicato anche in situazioni molto diverse. Ti permette quindi di costruire continuamente analogie fra cose che conosci e cose che NON conosci.

Un esempio di questo tipo potrebbe essere, per capirci, il Principio di Pareto.

Il Principio di Pareto parte da una osservazione empirica fatta nell'ambito dei fenomeni economici e che, originariamente, si limitava ad asserire che "l'80% delle ricchezze è in mano al 20% delle persone". Da là, per analogia, si è diffuso agli ambiti più diversi.

E quindi, per esempio:

Il 20% dei clienti porta l'80% de fatturato (economia)

Per imparare l'80% più importante di un argomento è necessario il 20% dello sforzo, mentre per imparare il restante 20% è necessario l'80% dello sforzo (apprendimento). L'80% del tempo di esecuzione di un programma è impiegato solo dal 20% delle sue istruzioni (informatica). Si è insomma costruito, da un principio valido in un determinato ambito, un modello mentale generale applicabile tutte le volte che si cerca l'efficienza: "individua quel 20% di cause che porta l'80% dei risultati, e concentrati su di esse". Questo giochino di passare dallo specifico al generale, dall'esperienza pratica alla rappresentazione mentale (e viceversa), è uno strumento di pensiero molto potente, e non a caso è prerogativa del genere umano. Tuttavia, ha anche i suoi lati negativi.

Gli svantaggi dei modelli mentali

Why did the chicken cross the road? Ovvero, perché la gallina ha attraversato la strada?

Nel mondo anglosassone, la frase "why did the chicken cross the road" è un indovinello che conoscono tutti e per il quale la risposta ufficiale è, semplicemente, "per andare dall'altra parte". Si tratta di un tipico esempio di anti-humor, in cui l'ironia sta proprio nel creare aspettativa sul pubblico per poi dare una risposta volutamente non divertente (anche in Italia si trovano esempi simili). Sarà forse per il fatto che la frase è così conosciuta che Robert Sapolsky, famoso neurobiologo e professore a Stanford University, l'ha scelta per esemplificare il suo punto di vista sui modelli mentali.

Nel suo esempio, Sapolsky spiega come la risposta può dipendere soprattutto dall'interlocutore. E così:

Un biologo risponderebbe: la gallina ha attraversato perché ha visto dall'altra parte un potenziale partner sessuale"

Un fisiatra risponderebbe: la gallina ha attraversato perché i muscoli delle sue cosce si sono contratti e hanno spinto in avanti le zampe

Un neurologo risponderebbe: la gallina ha attraversato perché i suoi neuroni motori hanno inviato una scarica elettrica ai muscoli

I tre esperti hanno, ciascuno alla loro maniera, ragione. Però nessuno di essi, fa notare Sapolsky, penetra davvero l'essenza del perché la gallina ha attraversato la strada. Hanno infatti una visione molto parziale del problema, e rispondono alla domanda solo considerando il punto di vista della loro area di competenza. Questo è proprio il rischio principale di un certo tipo di utilizzo dei modelli mentali: scambiare la propria verità per la verità assoluta, cadendo nella trappola dei bias cognitivi e dei pregiudizi.

Cosa che, in una società iper-specializzata, capita sempre più spesso.

Inoltre, più si invecchia, più il rischio di fossilizzarsi sui propri schemi è concreto.

Infatti: Pensare per modelli è estremamente comodo, mentre ripensare da capo è faticoso. E con l'età aumenta la tentazione di privilegiare la comodità....

Più passano gli anni, più il passato conferma (o meglio, ci sembra confermare) ancora e ancora alcuni nostri modelli mentali. Perché dovremmo metterli in discussione? E così il nostro cervello riesce a pensare e agire in fretta, certo, ma tende a diventare completamente prigioniero degli schemi che si è costruito. Alla maniera di un canarino che si muove sì veloce, ma in uno spazio ristretto.

Come possiamo liberarlo? Attraverso tre strategie.

Mantieni l'attitudine del nuovo arrivato.

Pensa a quella volta in cui, appena arrivato in un determinato ambiente, hai fatto una osservazione piena di ingenuità ed entusiasmo che uno dei più esperti, con aria di sufficienza, ha classificato come ridicola.

Ti ha dato fastidio, vero? Dopotutto, non c'era bisogno che facesse il saccente! Beh, rifletti allora sul fatto che, con ogni probabilità, oggi come oggi e in almeno qualche ambito, quel saccente sei tu. L'esperienza ti ha cioè così riempito di schemi e pregiudizi che qualunque novità, per il mero fatto di essere "nuova", per te non funziona. Si tratta di un atteggiamento che ti fa risparmiare tempo, ma che è anche molto pericoloso.

Netflix, 20 anni fa (si, ha almeno 20 anni!) era così indebitata che il suo fondatore cercò di venderla per pochi soldi a Blockbuster, che allora era una catena gigante di affitto di DVD e cassette. Il proprietario di Blockbuster lo congedò con sufficienza, sicuro che il business dello streaming fosse senza futuro. 10 anni dopo Blockbuster era fallita, e molti dei ventenni di oggi non ne hanno manco mai sentito parlare.

Mentre Netflix è Netflix. Cosa sarebbe successo se il CEO di Blockbuster avesse saputo ascoltare il fondatore di Netflix con la mente fresca del nuovo arrivato?

Probabilmente se lo sta chiedendo anche lui.

Cerca sempre il modello mentale di segno opposto Ricordi il principio di Pareto di cui abbiamo parlato poco fa? Si tratta di un modello mentale molto valido, che funziona benissimo in una miriade di situazioni. Eppure ne esiste uno, ugualmente molto efficace, che porta a conclusioni e comportamenti quasi diametralmente opposti. Si chiama "Teoria della somma dei marginal gains (guadagni marginali)", e dice, più o meno, che:

La somma di piccolissimi miglioramenti in tante aree, può dare un risultato globale strabiliante. È seguendo questo principio che Dave Brailsford, allenatore della squadra britannica di ciclismo, ha portato un gruppo di atleti fino ad allora non particolarmente vincenti a dominare i giochi olimpici di Atene.

Quindi:

Da una parte hai Pareto, che di dice di concentrati solo sulle cose più importanti. Dall'altra parte hai i marginal gains di Dave Brailsfors, che ha fatto dell'ossessione per ogni piccolo dettaglio il segreto del suo successo.

Chi ha ragione? A seconda del contesto, entrambi. Ogni volta quindi che applichi un certo modello mentale, indaga se ce ne è uno che, pur con presupposti o conclusioni molto diverse, può essere ugualmente valido. Vedrai che la maggior parte delle volte ti risponderai di sì, imparando così a non cristallizzarti su strategie di pensiero e azione uniche.

Trova e studia i migliori modelli mentali

In fisica, il concetto di inerzia ci dice che, per far iniziare un movimento a un corpo, bisogna applicare su di esso una certa forza… ma che una volta che il movimento è iniziato, esso tende a proseguire, con molto meno sforzo, secondo la direzione che gli è stata data. Da questo principio è facile trarre un modello mentale applicabile all'ambito, apparentemente molto distante, del comportamento umano. Per esempio, la grande forza da applicare all'inizio di un'attività si può identificare con la motivazione. Mentre la piccola forza necessaria per continuare ciò che è iniziato può essere facilmente rappresentata dall'abitudine. Ecco allora che, a partire da un concetto di fisica delle scuole medie, abbiamo costruito un semplice modello mentale che ci può aiutare a cambiare questo o quell'aspetto di noi stessi. Procedimenti analoghi, anche molto più articolati e complessi, si possono fare continuamente. Fisica, biologia, economia, psicologia, ingegneria, musica, pittura …. ogni ambito del sapere umano ha sviluppato modelli mentali solidi e ben argomentati, che puoi traslare e applicare ad ogni aspetto della vita quotidiana. Non devi far altro che cercarli e studiarli.

Più ne conosci, più è probabile che la qualità del tuo pensiero migliorerà. Come scrisse il grande psicologo Abraham Maslow quasi 60 anni fa, per chi ha solo un martello ogni problema è un chiodo. Cerca allora di uscire dal framework limitato di modelli mentali che hai acquisito tramite la tua formazione e la tua professione, mettili in discussione, imparane di nuovi. Ricorda che i modelli mentali, per loro natura, sono inaccurati, semplicistici, fallaci. Che sono una rappresentazione della realtà, non la realtà. Usali allora secondo le tre strategie che abbiamo visto insieme e ti prometto che potranno darti grandi soddisfazioni. Diversamente, vedrai solo chiodi. Ovvero, rimarrai con una visione limitata, parziale, riduttiva, della complessità che ti circonda. E, ironicamente, non te ne renderai neanche conto. Il ragionamento consiste di quattro operazioni:

- Comprendere il significato delle premesse (Stadio della comprensione)

- Integrare i significati delle premesse

- Generare una conclusione (Stadio della descrizione economica)

- Controllare la validità della conclusione

(Stadio della valutazione), I modelli mentali non hanno una struttura sintattica scelta in modo arbitrario, come le rappresentazioni proposizionali, poiché la struttura del modello deve essere analoga a quella del corrispondente stato di cose nel mondo, essi quindi sono analogici, determinati e concreti, sono analogici perché possono catturare configurazioni spaziali del mondo rappresentato e mantenere le relazioni topologiche esistenti tra gli elementi, sono determinati perché ciascuno di essi rappresenta un particolare stato dell'oggetto che definisce, sono concreti perché rappresentano entità specifiche. A prima vista i modelli mentali sembrano corrispondere alle immagini mentali; in realtà si differenziano da esse in quanto queste, rappresentando le caratteristiche percettive degli oggetti reali, corrispondono più a punti di vista sul modello che al modello stesso. I modelli mentali sono il fondamento psicologico della comprensione: "Se si capisce che cosa è l'inflazione, come si svolge una certa dimostrazione matematica, il modo in cui il computer lavora, il DNA o il divorzio, allora si deve avere una rappresentazione mentale delle entità considerate", ossia "una copia mentale interna che possiede la stessa struttura di rapporti del fenomeno che rappresenta" (Johnson-Laird, 1983). Quindi le persone costruiscono modelli mentali che possono rappresentare il mondo fisico, i concetti astratti o le sequenze di eventi e questi modelli servono loro per spiegarsi gli eventi, per comprendere le esperienze e per fronteggiare le situazioni nuove. Perché un modello mentale sia funzionale, tuttavia, non è necessario che la spiegazione che fornisce del fenomeno in questione sia esaustiva, né che il modello corrisponda esattamente a ciò che rappresenta. Ogni modello risulta essere più semplice della realtà e proprio in questa caratteristica risiede la sua funzionalità. Spesso, però, i modelli mentali sono costruiti sulla base di dati non completi e questo fatto può determinarne il fallimento. Se abbiamo un modello mentale sbagliato del funzionamento di un oggetto probabilmente commetteremo errori nell'utilizzarlo. "La potenza dei modelli mentali è che permettono di indovinare cosa può succedere in situazioni nuove e insolite. Se il modello è sbagliato, sbagli anche tu" (Norman, 1997). Un altro problema consiste nel fatto che l'utilizzo dei modelli mentali implica l'impegno di parte delle risorse cognitive: se i modelli sono troppo complessi si ha un sovraccarico cognitivo che può portare a conclusioni sbagliate. Inoltre, oltre al rischio di sovraccarico cognitivo, l'utilizzo dei modelli mentali comporta anche la possibilità di cadere in trappole cognitive e pregiudizi. Questo fenomeno è particolarmente evidente quando le persone si trovano a confrontarsi con situazioni nuove o complesse e cercano di adattare i loro modelli mentali esistenti per affrontarle. Uno degli esempi più noti di trappola cognitiva è l'effetto di conferma, che si verifica quando le persone cercano inconsciamente di confermare le proprie convinzioni preesistenti, ignorando o interpretando in modo selettivo le informazioni che non supportano le loro opinioni. Questo può portare a una visione distorta della realtà e a decisioni errate. Per evitare queste trappole cognitive e utilizzare i modelli mentali in modo efficace, è importante essere consapevoli dei propri pregiudizi e cercare attivamente di esaminare le proprie convinzioni. Questo può richiedere un certo sforzo e auto-riflessione, ma è fondamentale per prendere decisioni informate e adattarsi alle sfide in continua evoluzione della vita. Inoltre, è utile esplorare una varietà di modelli mentali e approcci per affrontare una determinata situazione. Come menzionato in precedenza, diversi modelli mentali possono essere validi in contesti diversi, quindi è importante essere flessibili e aperti al cambiamento. È essenziale continuare a imparare e adattare i propri modelli mentali in base all'esperienza e alla nuova conoscenza. Il mondo è in costante evoluzione, e i modelli mentali che funzionavano in passato potrebbero non essere più efficaci nel presente. Mantenere una mentalità aperta e curiosa può aiutare a individuare nuove prospettive e soluzioni innovative. I modelli mentali sono strumenti potenti per comprendere e navigare il mondo intorno a noi, ma è importante utilizzarli in modo consapevole e critico per evitare trappole cognitive e prendere decisioni informate. Continuare a esplorare, imparare e adattare i propri modelli mentali può portare a una maggiore comprensione e successo nella vita personale e professionale.

Per creare modelli mentali efficaci, è importante sviluppare la capacità di osservare attentamente il mondo intorno a noi e di analizzare le esperienze in modo critico. Ciò può essere fatto attraverso una serie di esercizi pratici volti a potenziare le capacità di osservazione, analisi e sintesi. Di seguito, ti fornirò alcuni esempi di esercizi per creare modelli mentali:

Osservazione dettagliata:

Scegli un oggetto comune nella tua vita quotidiana, come una pianta in casa, un pezzo di arredamento o persino un oggetto d'arte.

Dedica alcuni minuti a osservare l'oggetto attentamente, notando ogni dettaglio, colore, forma e texture.

Prendi nota delle tue osservazioni in modo dettagliato, cercando di cogliere anche i piccoli dettagli che potresti normalmente trascurare.

Una volta completata l'osservazione, cerca di ricostruire mentalmente un modello dell'oggetto, incorporando tutte le informazioni raccolte durante l'osservazione.

Analisi dei processi:

Scegli un processo familiare nella tua vita quotidiana, come preparare una ricetta, guidare una macchina o svolgere un'attività lavorativa.

Suddividi il processo in passaggi chiave e analizza ogni passaggio in dettaglio, identificando le azioni necessarie, le risorse utilizzate e le interazioni coinvolte.

Cerca di comprendere le relazioni causa-effetto tra i diversi passaggi del processo e identifica eventuali punti critici o aree di miglioramento.

Utilizza le tue analisi per creare un modello mentale del processo, che possa guidarti nell'esecuzione efficiente e efficace delle attività coinvolte.

Esplorazione di prospettive alternative:

Scegli una situazione complessa o controversa che incontri nella tua vita personale o professionale.

Cerca di vedere la situazione da prospettive diverse, mettendoti nei panni di persone con punti di vista diversi o utilizzando approcci teorici diversi.

Esplora le conseguenze e le implicazioni di ciascuna prospettiva, cercando di comprendere i motivi alla base di ciascuna posizione.

Utilizza queste prospettive alternative per creare un modello mentale più completo della situazione, che tenga conto di una gamma più ampia di variabili e punti di vista.

Simulazione mentale:

Immagina una situazione futura che potresti affrontare, come una presentazione importante, una negoziazione o un colloquio di lavoro.

Visualizza mentalmente il processo e le azioni coinvolte, immaginando te stesso affrontare la situazione con successo.

Osserva attentamente le tue reazioni emotive e cognitive durante la simulazione mentale, identificando eventuali preoccupazioni o sfide.

Utilizza le tue osservazioni per adattare il tuo modello mentale della situazione, integrando strategie per affrontare le eventuali difficoltà e massimizzare le opportunità di successo.

Questi sono solo alcuni esempi di esercizi per creare modelli mentali. Puoi adattare e personalizzare questi esercizi in base alle tue esigenze e interessi specifici. L'importante è praticare regolarmente l'osservazione, l'analisi e la sintesi per sviluppare modelli mentali sempre più efficaci e adattabili.

Il Potere della Parola e della Persuasione

Le parole hanno un potere straordinario di influenzare il pensiero e il comportamento degli altri. Esploreremo come conoscere il significato di ogni parola e utilizzare la persuasione in modo etico per ottenere risultati positivi. La parola mal compresa, ovvero la parola il cui significato non sia chiaro in tutte le sue accezioni, può essere una barriera significativa nello studio e nella comunicazione. Oltrepassare una "parola mal compresa" in fase di studio potrebbe provocare un pericoloso processo d'introversione, l'abbandono dello studio e la commissione di "overt", cioè di quegli atti "contro sopravvivenza" che impediscono di liberare il vero potenziale spirituale.

Per superare questa difficoltà, esistono metodi di chiarimento della parola basati sull'utilizzo dei cosiddetti "Demokit", oggetti comuni o rappresentazioni fatti con tali oggetti, che servono a creare la massa necessaria affinché un concetto venga compreso. Quando si deve chiarire una parola, il Demokit prende il nome del concetto, facilitando così la comprensione del significato. Questa tecnologia non solo risolve qualsiasi tipo di mal comprensione, ma accelera anche i tempi nello studio di qualsiasi disciplina, sia essa umanistica/letteraria o scientifica.

Il potere della parola è immenso. Anche se molti sostengono che un'immagine possa valere di più in certi contesti, non bisogna sottovalutare il valore delle parole. Una frase apparentemente insignificante può avere un impatto profondo, sia positivo che negativo, a seconda del contesto e dell'intento del comunicatore. Le parole hanno il potere di ferire profondamente o di portare gioia e felicità, a seconda del loro uso. Chiunque abbia avuto a che fare con un amico tossico o manipolatore sa quanto le parole possano essere utilizzate per ottenere ciò che si vuole, anche se ciò va contro gli interessi dell'interlocutore. Le parole possono trasmettere ira, risentimento, dolore, rifiuto o tristezza, ma possono anche esprimere sentimenti di piacere, bontà, amore o gratitudine. La forza delle parole risiede nella loro capacità di comunicare emozioni e concetti complessi. Anche una sola parola può causare una profonda allegria o un'immensa tristezza. Le parole possono essere strumenti di manipolazione o di autenticità, a seconda di come vengono utilizzate. È essenziale riconoscere il potere delle parole e utilizzarle in modo responsabile ed etico. La comunicazione efficace richiede consapevolezza del potenziale impatto delle nostre parole sugli altri e la capacità di comunicare in modo chiaro, rispettoso e autentico. Le parole non sono semplici segni grafici o suoni; sono veicoli di pensiero, emozione e connessione umana. Possono trasformarsi e adattarsi alle esigenze del comunicatore, assumendo significati diversi a seconda del contesto e dell'intento. La parola è uno strumento potente, capace di creare, distruggere o trasformare la realtà, e il suo potere è limitato solo dalla nostra immaginazione e dalla nostra capacità di utilizzarla in modo efficace e consapevole. La parola è la forma primaria di comunicazione umana e rappresenta uno strumento potente per influenzare il pensiero e il comportamento degli altri. Tuttavia, è fondamentale comprendere che il potere della parola non risiede solo nelle sue capacità comunicative, ma anche nel suo impatto emotivo e psicologico. Ogni parola emessa può avere conseguenze significative, sia positive che negative, a seconda del modo in cui viene utilizzata e interpretata. Il potere della parola risiede nella sua capacità di trasmettere concetti, emozioni e valori. Le parole hanno il potere di ispirare, motivare, consolare, convincere e influenzare le persone. Possono suscitare gioia, tristezza, paura, rabbia o amore, e possono plasmare le nostre percezioni della realtà e delle altre persone. Inoltre, le parole possono avere un impatto duraturo sulle relazioni interpersonali e sulla nostra autostima.

È importante riconoscere che le parole possono anche essere utilizzate in modo manipolatorio o dannoso. La comunicazione negativa, basata su critiche, giudizi o insulti, può causare ferite emotive profonde e danneggiare le relazioni interpersonali. Allo stesso modo, le parole possono essere strumenti di persuasione utilizzati per influenzare il pensiero e il comportamento degli altri in modi che possono essere contrari ai loro interessi. Per questo motivo, è essenziale sviluppare una consapevolezza del potere delle proprie parole e imparare a utilizzarle in modo responsabile ed etico. Ciò significa essere consapevoli del modo in cui le nostre parole possono essere percepite dagli altri e adottare un linguaggio rispettoso e compassionevole nella nostra comunicazione. È importante riconoscere che le parole non sono solo strumenti di comunicazione, ma anche strumenti di pensiero. Il modo in cui formuliamo i nostri pensieri influisce direttamente sul nostro modo di percepire il mondo e di relazionarci ad esso. Pertanto, imparare a utilizzare le parole in modo preciso e significativo può aiutarci a sviluppare una maggiore chiarezza mentale e a migliorare la nostra capacità di comunicare ed esprimere noi stessi in modo efficace. Per ottenere il massimo beneficio dal potere della parola, è importante praticare la consapevolezza e l'empatia nella nostra comunicazione. Ciò significa ascoltare attentamente gli altri, rispettare le loro esperienze e sentimenti e scegliere le parole con cura per comunicare in modo chiaro, rispettoso e autentico. In questo modo, possiamo utilizzare il potere della parola per costruire relazioni più profonde, favorire la comprensione e la collaborazione e promuovere il benessere e la felicità sia per noi stessi che per gli altri.

L'importanza di utilizzare un vocabolario, o dizionario, nel contesto del potere della parola e della persuasione è fondamentale. Un vocabolario non è semplicemente una raccolta di parole e significati; è uno strumento prezioso che ci permette di esplorare il significato preciso di ogni parola, di ampliare il nostro vocabolario e di migliorare la nostra capacità di comunicare in modo efficace ed eloquente. Utilizzare un vocabolario ci consente di comprendere appieno il significato di una parola, inclusi i suoi molteplici significati e sfumature semantiche. Questa comprensione ci permette di utilizzare le parole in modo appropriato e accurato, evitando malintesi e fraintendimenti nella comunicazione. Inoltre, consultare un vocabolario ci aiuta a arricchire il nostro vocabolario, introducendoci a nuove parole e concetti che potremmo non conoscere. Un vocabolario ci offre una vasta gamma di sinonimi e antonimi per arricchire il nostro linguaggio e rendere la nostra comunicazione più variegata e interessante. Un vocabolario può anche aiutarci a migliorare le nostre capacità di scrittura e persuasione. Con una conoscenza più approfondita delle parole e dei loro significati, siamo in grado di esprimere i nostri pensieri in modo più chiaro, preciso ed eloquente. Possiamo scegliere le parole giuste per trasmettere esattamente ciò che intendiamo, evocando emozioni e immagini vivide nel nostro pubblico. Inoltre, consultare un vocabolario può essere un esercizio educativo e stimolante. Ci incoraggia ad esplorare la lingua e ad apprezzare la ricchezza e la diversità delle parole. Ci sfida a espandere i nostri orizzonti linguistici e a diventare più consapevoli della potenza e della bellezza della parola.   Infine, l'uso regolare di un vocabolario può essere un'abitudine preziosa per la vita. Ci insegna l'importanza della precisione e dell'accuratezza nel nostro uso delle parole, sia nella comunicazione quotidiana che in contesti più formali come la scrittura di documenti o discorsi.
L'utilizzo di un vocabolario è essenziale per sfruttare appieno il potere della parola e della persuasione. Ci aiuta a comprendere il significato preciso delle parole, ad arricchire il nostro vocabolario, a migliorare le nostre capacità di comunicazione e a sviluppare un apprezzamento più profondo per la lingua e la sua bellezza.

L'utilizzo di un vocabolario, o dizionario, è fondamentale per arricchire il proprio bagaglio linguistico e comprendere appieno il significato delle parole. Un vocabolario non solo fornisce definizioni, ma spesso include anche esempi di utilizzo, sinonimi, antonimi e informazioni sul contesto in cui una parola è appropriata. Ecco perché è importante consultare un vocabolario quando si incontrano parole nuove o si desidera chiarire il significato di termini già noti. Tuttavia, nonostante l'importanza del vocabolario, molte persone tendono a utilizzare le parole in modo improprio, spesso a causa di incomprensioni o cattive abitudini linguistiche. Ecco alcuni esempi di parole comunemente usate in modo errato:

Ironia: Molte persone confondono l'ironia con il sarcasmo. L'ironia implica un significato contrario a quello che si dice, mentre il sarcasmo è un'ironia più tagliente e spesso utilizzata per ferire o ridicolizzare qualcuno. Ad esempio, dire "Che bella giornata piovosa!" quando fuori c'è il sole è un esempio di ironia, mentre "Che simpatico, ha parcheggiato davvero bene!" con tono sarcastico è un esempio di sarcasmo.

Linguaggio formale/informale: Molte persone usano parole o espressioni formali in contesti informali, o viceversa, senza considerare il tono appropriato per la situazione. Ad esempio, utilizzare un linguaggio colloquiale durante una presentazione formale potrebbe apparire poco professionale, mentre utilizzare un linguaggio eccessivamente formale in una conversazione informale potrebbe sembrare rigido o artificioso.

Effettivo/efficace: Queste due parole vengono spesso confuse. "Effettivo" significa reale o attuale, mentre "efficace" significa che qualcosa è capace di produrre il risultato desiderato. Ad esempio, "Il nuovo metodo di studio è efficace" significa che il metodo è in grado di ottenere i risultati desiderati, mentre "L'effetto della terapia è stato effettivo" significa che la terapia ha avuto un impatto reale o concreto.

Lasciare/permettere: Anche se spesso usate come sinonimi, queste due parole hanno significati leggermente diversi. "Lasciare" indica il consenso o l'autorizzazione a qualcuno di fare qualcosa, mentre "permettere" suggerisce un atto di concessione o tolleranza. Ad esempio, "Mi hanno permesso di entrare nella stanza" indica che è stato concesso il permesso di entrare, mentre "Mi hanno lasciato in pace" indica che è stato permesso di essere soli o non disturbati.

Consultare un vocabolario può aiutare a evitare queste e altre confusioni linguistiche, migliorando così la chiarezza e la precisione della comunicazione.

Impara ad' essere persuasivo e non invadente

Immagina di voler convincere un amico a provare un nuovo ristorante. Ti sei appena imbattuto in questo locale fantastico, con un'atmosfera accogliente e del cibo delizioso che ti ha lasciato senza parole. Vuoi condividere questa esperienza con il tuo amico, ma non vuoi sembrare invadente o coercitivo. Ecco come puoi farlo:

Innanzitutto, parla con entusiasmo del ristorante. Descrivi il cibo delizioso che hai assaggiato e l'atmosfera fantastica che hai trovato. Usa parole vivaci e coinvolgenti per dipingere un quadro vivido della tua esperienza. Ad esempio, potresti dire: "Ho provato il miglior piatto di pasta della mia vita e l'atmosfera era così accogliente che mi sono sentito subito a casa."

Racconta al tuo amico di come ti sei sentito dopo aver cenato lì. Condividi le tue emozioni sincere e positive. Parla di quanto fossi felice e soddisfatto dopo aver gustato quel pasto incredibile. Ad esempio, potresti dire: "Dopo cena, mi sentivo così soddisfatto e pieno di energia. È stata davvero un'esperienza che mi ha riempito il cuore di gioia."

Offri al tuo amico di accompagnarti la prossima volta che vai al ristorante. Mostra il tuo entusiasmo per l'idea di condividere questa esperienza con lui. Ad esempio, potresti dire: "Mi piacerebbe davvero se venissi con me la prossima volta che vado al ristorante. Penso che ti piacerà davvero e sarebbe bello trascorrere del tempo insieme."

In questo modo, stai persuadendo il tuo amico a provare il nuovo ristorante senza essere invadente o coercitivo. Stai condividendo la tua esperienza in modo sincero e autentico, lasciando che il tuo entusiasmo e la tua passione per il locale parlino da soli.

Ora, passiamo a alcuni consigli pratici su come essere persuasivi in generale:

Conoscere il tuo pubblico:

Conoscere il proprio pubblico è il primo e fondamentale passo per qualsiasi tentativo di persuasione efficace. Senza una comprensione approfondita di chi sono le persone che si cerca di influenzare, è come cercare di navigare in mare aperto senza una bussola. È necessario investire tempo ed energia nel sondare le sfumature dei loro interessi, bisogni, valori e desideri.

Ogni individuo è un mondo a sé, con una serie unica di esperienze, convinzioni e aspirazioni. Pertanto, non esiste un approccio universale che funzioni con tutti. Bisogna adattarsi in modo mirato, calibrando la propria strategia per rispecchiare le peculiarità del proprio pubblico. Ad esempio, se si sta cercando di persuadere un gruppo di studenti universitari, è essenziale comprendere cosa li muove e cosa li interessa. Questo potrebbe includere argomenti come le opportunità di carriera nel loro campo di studio, le sfide che affrontano nel percorso accademico o le questioni sociali che li coinvolgono direttamente. È importante considerare il contesto in cui il pubblico si trova. Gli studenti universitari, ad esempio, potrebbero essere particolarmente sensibili alle pressioni accademiche e alle aspettative della società. Comprendere queste dinamiche può aiutare a plasmare il messaggio in modo che risuoni con le loro esperienze e preoccupazioni.

Un'altra componente cruciale nella conoscenza del pubblico è l'analisi demografica. La demografia può fornire preziose informazioni su fattori come età, genere, istruzione, reddito e posizione geografica. Questi dati possono aiutare a delineare i tratti distintivi del pubblico e a individuare i punti di ingresso per la persuasione. Ad esempio, se ci si rivolge a una fascia d'età più anziana, potrebbe essere utile focalizzarsi su argomenti legati alla sicurezza finanziaria o al benessere in età avanzata. Oltre alla demografia, è fondamentale considerare anche la psicografia del pubblico. Questo riguarda gli aspetti più profondi della personalità, come i valori, le opinioni politiche, lo stile di vita e le preferenze di consumo. Capire la psicografia del pubblico può aiutare a creare un messaggio che risuoni emotivamente e che si allinei con le loro convinzioni e interessi più profondi. Infine, è importante rimanere flessibili e adattabili nel processo di conoscenza del pubblico. Le persone sono dinamiche e possono cambiare nel tempo, quindi è essenziale continuare a monitorare e valutare le loro risposte e reazioni. Questo può implicare l'uso di strumenti come sondaggi, focus group o analisi dei dati online per mantenere aggiornate le proprie conoscenze e adattare di conseguenza le strategie persuasive. Conoscere il proprio pubblico è il fondamento su cui si costruisce qualsiasi strategia persuasiva. Investire tempo ed energia nella comprensione delle sfumature dei loro interessi, bisogni, valori e desideri è essenziale per creare un messaggio che sia rilevante, significativo ed efficace. Solo attraverso questa profonda comprensione si può sperare di influenzare positivamente il comportamento e le decisioni del proprio pubblico target.

Usare un linguaggio chiaro e semplice:

Comprendere il pubblico a cui ci si rivolge è fondamentale per comunicare in modo efficace. Quando parliamo di comunicazione, l'uso di un linguaggio chiaro e semplice diventa cruciale. Evitare il gergo tecnico o le parole complesse è essenziale perché queste potrebbero confondere o allontanare il tuo pubblico. Immagina di voler persuadere un gruppo di genitori sull'importanza dell'istruzione per i loro figli. In questo caso, è consigliabile evitare termini accademici intricati e invece concentrarsi su argomenti chiari e tangibili che possano toccare le corde sensibili dei genitori. Parla delle opportunità future dei loro figli, dei benefici a lungo termine che un'educazione di qualità può offrire. Per esprimere il messaggio in modo efficace, è importante essere concisi e diretti. Mantenere il focus sull'essenziale ti aiuterà a comunicare in modo più chiaro e coinvolgente. Potresti illustrare esempi concreti o storie di successo di persone che hanno tratto vantaggio dall'istruzione. Questi esempi possono aiutare i genitori a comprendere meglio l'importanza di investire nell'istruzione dei loro figli. Inoltre, è utile adattare il linguaggio e il tono del messaggio al pubblico specifico a cui ci si rivolge. Nel caso dei genitori, potresti utilizzare un linguaggio empatico e coinvolgente che rispecchi le loro preoccupazioni e aspirazioni per i loro figli. Evita di assumere che tutti conoscano il linguaggio tecnico o le specifiche dell'argomento che stai affrontando.

È importante essere consapevoli dei possibili fraintendimenti o ambiguità nel messaggio. Chiediti sempre se ciò che stai comunicando è chiaro e comprensibile per il tuo pubblico di destinazione. Se necessario, puoi anche chiedere feedback diretto dal pubblico per capire se il messaggio è stato recepito nel modo desiderato.

In sintesi, utilizzare un linguaggio chiaro, semplice e accessibile è essenziale per comunicare in modo efficace con il proprio pubblico. Evitare il gergo tecnico, essere concisi e diretti, adattare il linguaggio al pubblico specifico e essere consapevoli dei possibili fraintendimenti sono tutte strategie importanti per garantire che il messaggio venga recepito nel modo desiderato.

Raccontare storie e usare esempi concreti:

Le storie e gli esempi concreti sono come finestre che si aprono sul mondo dell'esperienza umana, consentendo al pubblico di connettersi emotivamente e comprendere meglio il messaggio che si vuole trasmettere. Quando si cerca di persuadere gli altri, l'uso di queste potenti narrazioni può fare la differenza tra una comunicazione efficace e una che cade nel vuoto.

Immagina di voler convincere qualcuno ad adottare uno stile di vita più sano. Le statistiche e i dati possono essere convincenti, ma spesso non riescono a trasmettere l'impatto emotivo necessario per motivare un cambiamento. Invece, condividere una storia personale di trasformazione potrebbe essere molto più efficace. Puoi raccontare di una persona che ha cambiato abitudini alimentari e di esercizio, e come questo abbia portato a una migliore salute fisica e mentale. Descrivere le sfide affrontate, i sacrifici fatti e i risultati ottenuti rende l'argomento più tangibile e coinvolgente.

Fornire esempi concreti dei benefici per la salute può rendere l'argomento più accessibile e comprensibile per il pubblico. Ad esempio, anziché elencare astrattamente i vantaggi di una dieta equilibrata, potresti raccontare storie di persone che hanno sperimentato una perdita di peso significativa, un miglioramento dell'energia e una riduzione del rischio di malattie croniche grazie a una dieta sana. Questi esempi non solo illustrano i benefici in modo chiaro, ma

possono anche ispirare e motivare il pubblico ad adottare comportamenti più
sani.

Le storie e gli esempi concreti possono essere utilizzati in molti contesti diversi,
non solo per promuovere uno stile di vita sano, ma anche per sostenere idee,
convincere al cambiamento e ispirare azioni positive. Ad esempio, nell'ambito
dell'istruzione, si potrebbero condividere storie di studenti che hanno superato
sfide e hanno avuto successo grazie alla loro determinazione e al sostegno
ricevuto. Le storie e gli esempi concreti sono strumenti persuasivi potenti perché
permettono al pubblico di connettersi emotivamente e comprendere meglio il
messaggio. Utilizzarli in modo efficace richiede la capacità di trasmettere
esperienze umane autentiche e tangibili, che possano ispirare, motivare e
convincere il pubblico ad agire.

Essere appassionati e convinti:

La passione e la convinzione sono i motori che alimentano la persuasione e il
cambiamento. Quando si cerca di influenzare gli altri, mostrare un sincero
interesse e una profonda passione per l'argomento può fare la differenza tra un
messaggio che viene ascoltato e uno che viene ignorato.

Essere appassionati del proprio argomento significa non solo comprendere
profondamente l'argomento stesso, ma anche essere immersi nell'emozione e
nella determinazione di trasmettere il proprio punto di vista. È come accendere
una fiamma dentro di sé e lasciare che bruci luminosamente attraverso le parole
e le azioni. Questa fiamma è contagiosa; quando gli altri vedono la tua passione,
si sentono attratti e ispirati. La convinzione nel tuo messaggio è altrettanto
cruciale. Quando credi fermamente nella validità del tuo punto di vista, trasmetti
fiducia e autorità. Gli altri percepiscono la tua sicurezza e sono più inclini a fidarsi
delle tue parole. La convinzione deriva dalla conoscenza approfondita
dell'argomento, dalla ricerca diligente e dalla riflessione critica. Quando hai una
solida base di conoscenza e comprensione, puoi parlare con sicurezza e
persuasione.

Tuttavia, è importante essere autentici nel mostrare la propria passione e
convinzione. Gli altri possono facilmente percepire quando qualcuno è falso o
forzato nelle proprie espressioni. La passione genuina non può essere simulata;
viene dall'interno e si manifesta attraverso gesti, tono di voce e linguaggio
corporeo autentici. Essere autentici consente di costruire fiducia e connessione
con il pubblico, creando un terreno fertile per la persuasione.

Per essere appassionati e convinti, è essenziale trovare il punto di incontro tra ciò
che ti appassiona e ciò che è rilevante per il tuo pubblico. Comprendere le

esigenze, i valori e le preoccupazioni del tuo pubblico ti consente di adattare il tuo messaggio in modo che risuoni con loro. Se riesci a trasmettere come il tuo argomento sia rilevante e significativo per il pubblico, è più probabile che si uniscano alla tua causa. Essere appassionati e convinti non significa essere aggressivi o dogmatici. È importante ascoltare e rispettare le opinioni degli altri, anche se sono diverse dalle tue. La persuasione efficace si basa sulla creazione di un dialogo aperto e rispettoso, in cui tutte le parti si sentono ascoltate e considerate. La passione e la convinzione sono fondamentali per persuadere gli altri. Essere autentici nella propria espressione, compresi gli altri e adattando il proprio messaggio al pubblico, sono elementi chiave per trasmettere con successo la propria passione e convincere gli altri ad abbracciare il proprio punto di vista.

Ascoltare attentamente le obiezioni:

Quando si cerca di persuadere gli altri, è inevitabile incontrare resistenza o obiezioni da parte del pubblico. Tuttavia, come si gestisce questa reazione può fare la differenza tra un confronto costruttivo e uno sterile. Ascoltare attentamente le obiezioni è essenziale per comprendere appieno le preoccupazioni del pubblico e trovare soluzioni che possano soddisfare entrambe le parti. La prima cosa da fare di fronte a un'obiezione è ascoltare con attenzione. Questo significa non solo ascoltare le parole, ma anche cercare di comprendere il punto di vista del pubblico e le ragioni dietro le loro obiezioni. Dimostrare empatia e rispetto durante questo processo è fondamentale per instaurare un clima di dialogo aperto e costruttivo.
Una volta comprese le obiezioni, è importante rispondere con rispetto e considerazione. Evita di ignorare o minimizzare le preoccupazioni del pubblico, poiché questo può portare a una maggiore resistenza e ostilità. Invece, cerca di offrire soluzioni concrete e ragionevoli per affrontare le obiezioni. Questo può implicare la presentazione di ulteriori informazioni o evidenze che possano dissipare le preoccupazioni del pubblico, o la proposta di alternative che possano risolvere i loro dubbi.
Mantenere un tono calmo e rispettoso durante la risposta alle obiezioni è fondamentale per mantenere un clima di dialogo costruttivo. Evita di diventare difensivo o aggressivo, anche se le obiezioni possono sembrare ingiustificate o irrazionali. Rispondi con pazienza ed empatia, cercando di trovare un terreno comune con il pubblico e lavorando insieme per trovare una soluzione che soddisfi entrambe le parti. Essere disposti a rivedere il proprio punto di vista e adattare il messaggio in base alle obiezioni del pubblico può essere

estremamente efficace nel garantire che il messaggio venga recepito nel modo desiderato. Questo non significa necessariamente compromettere i propri principi, ma piuttosto essere flessibili nell'affrontare le preoccupazioni del pubblico e trovare modi alternativi per comunicare il proprio messaggio. Ascoltare attentamente le obiezioni del pubblico e rispondere con rispetto e empatia è fondamentale per una comunicazione efficace. Affrontare le obiezioni con soluzioni concrete e ragionevoli, mantenendo un tono calmo e rispettoso, può aiutare a instaurare un dialogo costruttivo e trovare soluzioni che soddisfino entrambe le parti. Essere disposti a rivedere il proprio punto di vista e adattare il messaggio in base alle obiezioni del pubblico può anche essere fondamentale per garantire che il messaggio venga recepito nel modo desiderato.

Non essere invadente o aggressivo:

Quando si tratta di persuadere gli altri, è importante adottare un approccio rispettoso e non invadente. Essere invadenti o aggressivi può alienare il pubblico e compromettere l'efficacia della comunicazione. Invece, lasciare che l'altra persona prenda la propria decisione con calma e rispettare la sua autonomia e libertà di scelta è essenziale per costruire rapporti solidi e duraturi.
Una delle chiavi per evitare di essere invadenti è rispettare i confini personali degli altri. Ogni individuo ha il diritto di prendere le proprie decisioni in base alle proprie convinzioni e desideri, e fare pressioni su di loro può essere percepito come un'infrazione di questo diritto. Invece di imporre il proprio punto di vista, è importante fornire informazioni e argomentazioni in modo chiaro e rispettoso, consentendo all'altra persona di riflettere e prendere una decisione in modo autonomo. Inoltre, è essenziale evitare di utilizzare tattiche manipolative o coercitive per ottenere ciò che si vuole. Le tattiche manipolative possono includere l'uso di lusinghe, minacce o altre forme di persuasione emotiva per influenzare il comportamento degli altri. Anche se queste tattiche possono portare a risultati temporanei, alla lunga possono compromettere la fiducia e danneggiare la relazione con il pubblico. Invece, è importante cercare di stabilire una comunicazione aperta e sincera basata sul rispetto reciproco e sulla comprensione.
Un approccio non invadente alla persuasione implica anche essere sensibili ai segnali di disinteresse o rifiuto da parte dell'altra persona. Se l'altra persona sembra poco interessata o non desidera continuare la conversazione, è importante rispettare la sua decisione e non insistere ulteriormente. Forzare la conversazione o continuare a fare pressioni può essere percepito come molesto o invadente, e può danneggiare la relazione con il pubblico.

Infine, è importante essere pazienti e comprensivi durante il processo di
persuasione. Cambiare le opinioni e i comportamenti delle persone richiede
tempo e sforzo, e non sempre si ottengono risultati immediati. Essere pazienti e
rispettosi delle tempistiche dell'altra persona può contribuire a costruire una
relazione di fiducia e a facilitare il processo di persuasione nel lungo termine.
In conclusione, evitare di essere invadenti o aggressivi è fondamentale per una
comunicazione efficace e rispettosa. Rispettare i confini personali degli altri,
evitare tattiche manipolative, essere sensibili ai segnali di disinteresse e mostrare
pazienza e comprensione sono tutti elementi chiave per costruire relazioni solide
e ottenere risultati duraturi nella persuasione.
La persuasione è un'arte sottile che va al di là di semplici argomentazioni e
manipolazioni. Si tratta piuttosto di un processo che coinvolge la creazione di
connessioni significative e l'influenza positiva sul pensiero e sul comportamento
degli altri. È importante comprendere che la persuasione non si tratta di forzare
la mano o manipolare gli altri, ma piuttosto di comunicare in modo efficace e
autentico per ispirare cambiamenti positivi.
Una delle chiavi per una persuasione efficace è la capacità di creare connessioni
significative con il pubblico. Questo significa essere in sintonia con le loro
esigenze, valori e preoccupazioni, e stabilire un terreno comune su cui costruire il
proprio messaggio. Quando il pubblico si sente compreso e ascoltato, è più
incline ad aprire la mente alle idee e alle prospettive proposte.
La persuasione efficace implica anche l'influenza positiva sul pensiero e sul
comportamento degli altri. Ciò significa non solo comunicare il proprio punto di
vista in modo chiaro e convincente, ma anche ispirare azioni e cambiamenti
positivi. Questo può essere fatto fornendo esempi di successo, offrendo soluzioni
pratiche e realizzabili e dimostrando empatia e rispetto per le opinioni degli altri.
È importante sottolineare che la persuasione non dovrebbe mai essere vista
come un'opportunità per manipolare gli altri o ottenere vantaggi personali a
spese degli altri. La manipolazione è un approccio egoistico che non tiene conto
del benessere o degli interessi degli altri e può danneggiare le relazioni a lungo
termine. Al contrario, la persuasione autentica si basa sulla sincerità, sull'onestà e
sul rispetto reciproco.
Un elemento chiave della persuasione è la capacità di comunicare in modo chiaro
e convincente. Questo significa utilizzare un linguaggio accessibile e evitare
tattiche manipolative o coercitive. Invece, si dovrebbe concentrarsi sull'arte della
narrazione e sull'uso di esempi concreti e storie personali per illustrare il proprio
punto di vista in modo tangibile e coinvolgente. È importante comprendere che
la persuasione è un processo continuo e che i risultati possono richiedere tempo.

È improbabile che si riesca a persuadere completamente qualcuno con una singola conversazione o presentazione. Piuttosto, è necessario essere pazienti e persistenti nel continuare a comunicare il proprio messaggio in modo efficace e autentico nel tempo.

La persuasione non si tratta di forzare la mano o manipolare gli altri, ma piuttosto di creare connessioni significative e influenzare positivamente il loro pensiero e comportamento. Questo richiede sincerità, empatia, rispetto e una comunicazione chiara e convincente. Quando fatto correttamente, la persuasione può portare a cambiamenti positivi e duraturi nella mente e nel comportamento degli altri.

Infine:

Immagina di voler far salire un gatto su un albero. Questo scenario offre un'interessante analogia per comprendere il concetto di persuasione efficace e rispettosa. Invece di forzare il gatto a salire, si potrebbe adottare un approccio più sottile e persuasivo, simile a quello di attirare la sua attenzione con un uccellino o un giocattolo.

Nella vita quotidiana, spesso ci troviamo nella posizione di voler persuadere gli altri a seguire un certo corso di azione o ad adottare determinati punti di vista. Tuttavia, è importante ricordare che la persuasione non si tratta di forzare la mano o manipolare gli altri, ma piuttosto di creare connessioni significative e influenzare positivamente il loro pensiero e comportamento.

Nell'analogia del gatto sull'albero, il primo approccio potrebbe essere quello di tentare di sollevare il gatto e posizionarlo sull'albero a forza. Tuttavia, questa tattica potrebbe essere controproducente, poiché il gatto potrebbe resistere e diventare irrequieto. In modo simile, quando si cerca di persuadere gli altri con metodi coercitivi o manipolativi, si rischia di ottenere una reazione di difesa e resistenza, anziché una collaborazione costruttiva.

D'altro canto, il secondo approccio, più sottile e persuasivo, consiste nel catturare l'attenzione del gatto con un uccellino o un giocattolo, incoraggiandolo ad esplorare l'albero da solo. In questo caso, il gatto sale sull'albero spontaneamente, incuriosito e felice. Questo scenario riflette l'importanza di adottare un approccio non invadente e rispettoso quando si cerca di persuadere gli altri. Essere come il secondo metodo significa utilizzare strategie persuasive che coinvolgono e ispirano gli altri anziché costringerli o manipolarli. Questo può includere l'uso di argomentazioni convincenti, l'offerta di incentivi positivi o l'esempio personale. Piuttosto che imporre il proprio punto di vista, si tratta di creare un terreno comune e di incoraggiare il dialogo aperto e la collaborazione.

Un elemento chiave della persuasione efficace è la capacità di ascoltare e comprendere il punto di vista degli altri. Simile al modo in cui ci si avvicina al gatto con un uccellino, ascoltare attentamente le preoccupazioni, i bisogni e le prospettive degli altri può aiutare a stabilire un legame emotivo e a creare fiducia reciproca. Quando le persone si sentono ascoltate e rispettate, sono più propense ad essere aperte alle nostre idee e suggerimenti.

Importante presentare i propri argomenti in modo chiaro, convincente e rispettoso. Evitare di utilizzare tattiche manipolative o coercitive che potrebbero danneggiare la fiducia e compromettere la relazione con gli altri. Invece, concentrarsi su argomentazioni basate sui fatti, sulle esperienze personali e sui benefici che possono derivare dall'adozione del punto di vista proposto.

La coerenza tra parole e azioni è un altro aspetto cruciale della persuasione efficace. Così come il gatto è attratto dal movimento dell'uccellino o del giocattolo, le persone sono spesso influenzate dalle azioni e dal comportamento degli altri. Pertanto, è importante essere un modello di ciò che si sta cercando di persuadere gli altri a fare. Se si vuole convincere gli altri a seguire uno stile di vita sano, ad esempio, è importante praticare quello che si predica e mostrare attraverso il proprio esempio i benefici di tale stile di vita.

Essenziale rispettare la libertà e l'autonomia degli altri nella presa di decisioni. Anche se si può sperare che il gatto salga sull'albero, alla fine è una scelta che deve fare da solo. Allo stesso modo, quando si cerca di persuadere gli altri, è importante rispettare il loro diritto di prendere le proprie decisioni in base alle loro convinzioni e preferenze personali.

Essere come il secondo metodo nell'analogia del gatto sull'albero significa adottare un approccio persuasivo e non invadente basato sulla creazione di connessioni significative e influenzare positivamente il pensiero e il comportamento degli altri. Ascoltare attentamente, presentare argomenti chiari e convincenti, essere un modello di ciò che si vuole comunicare e rispettare la libertà e l'autonomia degli altri sono tutte componenti fondamentali della persuasione efficace e rispettosa. Con pratica e consapevolezza, è possibile migliorare la propria capacità di persuadere gli altri in modo etico e rispettoso, creando relazioni più forti e durature.

Gestire l'Angoscia, la rabbia, lo Stress e la Depressione

Gestire l'angoscia, lo stress e la depressione è un'impresa complessa ma possibile. Questi stati d'animo possono essere paralizzanti, ostacolando il nostro benessere emotivo e fisico, ma esistono strategie pratiche che possiamo adottare per affrontarli in modo sano ed efficace. Esploriamo dunque queste strategie e impariamo come vivere una vita piena di significato e realizzazione, anche quando ci troviamo di fronte a sfide emotive difficili da superare.
Una delle metodologie più efficaci per superare ansia, stress, fobie e depressione

è la Terapia Cognitivo Comportamentale (TCC). Questo approccio terapeutico scientificamente validato mira a modificare i pattern di pensiero e comportamento che contribuiscono ai nostri disturbi emotivi. Attraverso la TCC, impariamo a riconoscere e sfidare i pensieri negativi e distorti che alimentano la nostra angoscia e depressione, sostituendoli con pensieri più realistici e positivi. Parallelamente, acquisiamo nuove abilità comportamentali per affrontare efficacemente le situazioni che ci causano stress e ansia.

Uno degli aspetti fondamentali della TCC è la consapevolezza dei nostri pensieri e delle nostre emozioni. Impariamo a interrompere i circoli viziosi dei pensieri negativi identificandoli e sfidandoli attivamente. Ad esempio, se tendiamo a catastrofizzare o ad assumere il peggio in ogni situazione, impariamo a valutare realisticamente le probabilità degli esiti e a considerare alternative più positive e plausibili. Oltre alla gestione dei pensieri negativi, la TCC ci insegna anche a gestire le nostre emozioni attraverso l'intelligenza emotiva. Questa capacità ci consente di riconoscere, comprendere e regolare le nostre emozioni in modo sano ed equilibrato. Impariamo a essere consapevoli delle nostre emozioni, ad accettarle senza giudizio e ad utilizzarle in modo costruttivo per guidare il nostro comportamento e prendere decisioni informate.

Ma come possiamo mettere in pratica queste strategie nella nostra vita quotidiana?

La rabbia è spesso vista come un'emozione negativa, da evitare o reprimere. Tuttavia, è importante comprendere che la rabbia è una risposta emotiva naturale e può essere estremamente utile se interpretata correttamente. In realtà, la rabbia può essere un campanello d'allarme che segnala situazioni dannose o ostacoli al nostro benessere. È un segnale che qualcosa non va e potrebbe essere necessario intervenire. Impariamo a dare una giusta lettura alla nostra rabbia anziché reprimerla o giudicarla come negativa a priori. Invece di vederla come un'emozione da evitare, possiamo imparare a considerarla come un'opportunità per comprendere meglio noi stessi e il contesto in cui ci troviamo. La rabbia può fornire informazioni preziose sulle nostre necessità, sui nostri valori e sulle nostre relazioni. Quando sentiamo la rabbia, anziché lasciarci sopraffare da essa o lasciarci trascinare in reazioni impulsive, possiamo imparare a utilizzarla come motore per l'azione. La rabbia può darci la spinta necessaria per affrontare situazioni difficili, difendere i nostri diritti o perseguire i nostri obiettivi. È importante imparare a canalizzare la nostra rabbia in modo costruttivo, utilizzandola come fonte di energia e motivazione anziché lasciarci consumare da essa.

Ad esempio, se proviamo rabbia di fronte a un'ingiustizia sul lavoro, anziché lasciarci sopraffare dalla frustrazione o reprimere la nostra emotività, possiamo utilizzare quella rabbia come motore per agire. Possiamo parlare con il nostro datore di lavoro o con i colleghi per affrontare la situazione in modo costruttivo, cercando di trovare soluzioni o risolvere il conflitto.

La rabbia può essere un segnale importante nelle nostre relazioni personali. Se proviamo rabbia nei confronti di un amico o di un partner, potrebbe essere un'indicazione che qualcosa non va nella relazione o che abbiamo bisogno di porre dei limiti. Invece di ignorare o reprimere la nostra rabbia, possiamo utilizzarla come opportunità per esplorare più a fondo i nostri sentimenti e le nostre esigenze, comunicandoli apertamente e onestamente con l'altra persona. Non dobbiamo pensare alla rabbia come a un sentimento negativo a priori. È un'emozione naturale che può essere estremamente utile se interpretata correttamente. Impariamo a riconoscere la nostra rabbia come un segnale importante che indica situazioni dannose o ostacoli al nostro benessere, e utilizziamola come motore per l'azione, affrontando le sfide della vita in modo costruttivo e proattivo.

Evitare di reprimere le emozioni, inclusa la rabbia, è essenziale per mantenere un benessere emotivo e relazionale. Spesso, reprimere i sentimenti può portare a un accumulo di tensione emotiva che può esplodere in esplosioni di rabbia incontrollata o manifestarsi in altri comportamenti dannosi per noi stessi e per gli altri. Imparare a non reprimere la rabbia significa imparare a esprimere i propri sentimenti in modo sano e assertivo, affrontando le situazioni difficili con maturità ed equilibrio. Quando reprimiamo la rabbia, ci priviamo della possibilità di affrontare e risolvere i conflitti in modo costruttivo. Invece di affrontare i problemi apertamente, finiamo per accumulare rancore e risentimento che possono minare le nostre relazioni e il nostro benessere emotivo. La rabbia repressa può anche manifestarsi in sintomi fisici come mal di testa, tensione muscolare e problemi digestivi, dimostrando quanto sia importante affrontare le nostre emozioni in modo sano e assertivo.

Per imparare a non reprimere la rabbia, è importante sviluppare una maggiore consapevolezza delle nostre emozioni e dei nostri bisogni. Imparare a riconoscere quando ci sentiamo arrabbiati e perché ci aiuta a comprendere meglio noi stessi e le nostre reazioni emotive. Una volta identificata la fonte della nostra rabbia, possiamo esprimere i nostri sentimenti in modo costruttivo e assertivo, anziché reprimere la nostra emotività.

Un modo per evitare di reprimere la rabbia è trovare modi sani e appropriati per esprimere i nostri sentimenti. Ciò può includere la comunicazione aperta e onesta con le persone coinvolte, parlando dei nostri sentimenti e delle nostre preoccupazioni in modo chiaro e rispettoso. È importante evitare di riversare la nostra rabbia sugli altri in modo aggressivo o dannoso, ma piuttosto cercare di affrontare i conflitti in modo costruttivo e collaborativo.

È utile praticare tecniche di gestione dello stress e del rilassamento per affrontare la rabbia in modo sano ed efficace. Ciò può includere la meditazione, la respirazione profonda, lo yoga o l'esercizio fisico, che possono aiutare a ridurre la tensione emotiva e fisica associata alla rabbia. Trovare modi sani per gestire lo stress può aiutare a prevenire l'accumulo di tensione emotiva che può portare a esplosioni di rabbia incontrollata. Un'altra strategia importante per imparare a non reprimere la rabbia è sviluppare competenze di comunicazione assertiva. Questo significa essere in grado di esprimere i propri pensieri, sentimenti e bisogni in modo chiaro, diretto e rispettoso, senza essere aggressivi o passivi. Comunicare in modo assertivo ci consente di esprimere la nostra rabbia in modo costruttivo, affrontando i conflitti e le difficoltà con maturità ed equilibrio.

Infine, è importante essere consapevoli dei nostri limiti e delle nostre capacità di gestire la rabbia in modo sano ed efficace. Se sentiamo di non essere in grado di affrontare la nostra rabbia da soli, è importante chiedere aiuto e supporto a professionisti qualificati, come terapeuti o consulenti, che possono aiutarci a sviluppare strategie e tecniche per gestire la rabbia in modo sano e assertivo.

In conclusione, imparare a non reprimere la rabbia è essenziale per mantenere un benessere emotivo e relazionale. Trovare modi sani ed efficaci per esprimere i nostri sentimenti, comunicare in modo assertivo e gestire lo stress sono tutte strategie importanti per affrontare la rabbia in modo costruttivo ed equilibrato. Con pratica e impegno, possiamo imparare a gestire la rabbia in modo sano ed efficace, migliorando così la nostra qualità di vita e le nostre relazioni.

Dopo aver vissuto un episodio di rabbia, è fondamentale cercare di comunicare con assertività con le persone coinvolte nella situazione. La comunicazione assertiva implica esprimere le proprie opinioni, sentimenti e bisogni in modo chiaro, diretto e rispettoso, senza lasciarsi travolgere dall'ira o dall'emozione del momento. Questo tipo di comunicazione è essenziale per affrontare i conflitti in modo costruttivo e per trovare soluzioni ai problemi che hanno portato alla rabbia. Quando ci troviamo in una situazione in cui siamo arrabbiati, è facile lasciarci trasportare dall'emozione del momento e reagire impulsivamente. Tuttavia, è importante prendere il controllo delle nostre reazioni emotive e comunicare in modo assertivo per affrontare il problema in modo efficace. Ciò significa esprimere le nostre ragioni e preoccupazioni in modo chiaro e calmo, senza lasciarci sopraffare dalla rabbia o dall'irritazione.

La comunicazione assertiva ci permette di esprimere le nostre opinioni e i nostri bisogni in modo rispettoso, senza essere aggressivi o passivi. Questo tipo di comunicazione favorisce il dialogo aperto e onesto, che è essenziale per risolvere i conflitti e superare le difficoltà nelle relazioni interpersonali. Quando comunicare con assertività, è importante ascoltare anche le opinioni e i sentimenti degli altri, mostrando empatia e rispetto per le loro prospettive.

Dopo un episodio di rabbia, è utile fare un passo indietro e riflettere sulle cause della nostra rabbia e su come affrontare la situazione in modo costruttivo. Ciò può includere identificare i nostri sentimenti e bisogni, e poi comunicarli in modo chiaro e rispettoso alle persone coinvolte. Questo ci aiuta a esprimere le nostre preoccupazioni in modo efficace e ad affrontare i problemi in modo costruttivo.

Una strategia importante per comunicare con assertività dopo un episodio di rabbia è fare uso di "io" Statement, che sono dichiarazioni che esprimono i nostri sentimenti, pensieri e bisogni in modo diretto e rispettoso. Ad esempio, anziché accusare gli altri o farli sentire colpevoli, possiamo dire "Mi sono sentito frustrato quando..." o "Mi piacerebbe trovare una soluzione insieme a te per...". Questo tipo di comunicazione ci aiuta a evitare conflitti e a promuovere un dialogo aperto e costruttivo. È importante essere disposti ad ascoltare le opinioni e i sentimenti degli altri in modo attento ed empatico. Quando comunichiamo con assertività, è essenziale essere aperti al feedback e alla prospettiva degli altri, senza difendere a tutti i costi le nostre opinioni o il nostro punto di vista.

Ascoltare attivamente gli altri ci aiuta a comprendere meglio le loro prospettive e a trovare soluzioni che siano accettabili per entrambe le parti.

È importante ricordare che la comunicazione assertiva è una competenza che richiede pratica e impegno. È normale sentirsi a disagio o incerti quando si cerca di comunicare in modo assertivo, soprattutto dopo un episodio di rabbia.

Tuttavia, con pratica e determinazione, è possibile sviluppare le abilità necessarie per comunicare in modo assertivo e affrontare i conflitti in modo costruttivo.

Riconoscere i sintomi che precedono l'arrivo della rabbia è fondamentale per gestire in modo efficace le proprie emozioni e prevenire episodi di frustrazione e irritazione. Essere consapevoli di questi segnali ci consente di intervenire tempestivamente e adottare strategie di gestione dello stress per evitare che la situazione sfugga di mano.

Uno dei segnali più comuni che indicano l'arrivo della rabbia è una mancanza di controllo delle emozioni. Quando ci sentiamo arrabbiati, è normale provare una serie di reazioni emotive intense, come la frustrazione, l'irritazione o la rabbia stessa. Tuttavia, se notiamo che queste emozioni iniziano a diventare sempre più intense e difficili da gestire, potrebbe essere un segnale che la rabbia sta crescendo e che potremmo essere sull'orlo di un'esplosione emotiva.

La crescente frustrazione in qualsiasi situazione può essere un altro segnale che indica l'arrivo della rabbia. Quando ci troviamo di fronte a ostacoli o difficoltà che sembrano insormontabili, è normale provare frustrazione e irritazione. Tuttavia, se questa frustrazione continua a crescere e diventa difficile da gestire, potrebbe essere un segnale che la nostra rabbia sta aumentando e che potremmo presto perdere il controllo delle nostre emozioni.

Altro segnale importante è il verificarsi di discussioni molto animate con gli altri. Quando ci sentiamo arrabbiati, tendiamo a essere più inclini a coinvolgerci in conflitti o dispute con le persone intorno a noi. Se notiamo che le nostre interazioni sociali diventano sempre più tese e conflittuali, potrebbe essere un segnale che la nostra rabbia sta aumentando e che potremmo essere sull'orlo di un'esplosione emotiva. Se ci sentiamo costantemente impazienti e irritabili, potrebbe essere un segnale che la nostra rabbia sta crescendo. La rabbia può manifestarsi anche come una sensazione di irrequietezza o nervosismo costante, che può rendere difficile concentrarsi o gestire le proprie emozioni in modo efficace. Se notiamo che stiamo diventando sempre più impazienti e irritabili, potrebbe essere un segnale che la nostra rabbia sta crescendo e che potremmo presto perdere il controllo delle nostre emozioni.

Infine, se troviamo irritanti quasi tutte le persone che ci circondano, potrebbe essere un segnale che la nostra rabbia sta crescendo. La rabbia può influenzare la nostra percezione delle persone intorno a noi, facendoci sembrare più irritabili o intolleranti nei loro confronti. Se notiamo che stiamo iniziando a trovare irritanti quasi tutte le persone che ci circondano, potrebbe essere un segnale che la nostra rabbia sta crescendo e che potremmo presto perdere il controllo delle nostre emozioni. Sviluppare consapevolezza dei sintomi che indicano l'arrivo della rabbia è fondamentale per gestire in modo efficace le proprie emozioni e prevenire episodi di frustrazione e irritazione. Essere consapevoli di questi segnali ci consente di intervenire tempestivamente e adottare strategie di gestione dello stress per evitare che la situazione sfugga di mano. Prestare attenzione ai nostri stati d'animo e alle nostre reazioni emotive ci aiuta a mantenere il controllo delle nostre emozioni e a gestire la rabbia in modo sano ed equilibrato.

Quando ci troviamo di fronte a situazioni stressanti o frustranti, è naturale sentirsi sopraffatti dalle emozioni negative come la rabbia. Tuttavia, è importante imparare a gestire queste emozioni in modo sano ed efficace, anziché reprimere o lasciarle sfociare in esplosioni incontrollate. Uno dei modi più efficaci per farlo è impegnarsi attivamente nella ricerca di soluzioni.

Troppo spesso ci concentriamo esclusivamente sul problema, lasciandoci travolgere dalle emozioni negative e dimenticando di cercare una via d'uscita. Invece, dovremmo spostare il nostro focus sulle soluzioni, lavorando per trovare modi pratici ed efficaci per risolvere le situazioni stressanti che ci circondano. Questo approccio non solo ci aiuta a gestire meglio la nostra rabbia, ma ci permette anche di affrontare i problemi in modo più costruttivo e proattivo.

Una delle prime cose da fare per imparare a trovare soluzioni è identificare chiaramente il problema. Spesso, infatti, ci lasciamo travolgere dalle emozioni senza neanche capire esattamente cosa ci stia causando stress o frustrazione. Prenditi del tempo per analizzare la situazione in modo obiettivo, identificando le cause del tuo malessere e individuando eventuali ostacoli che potrebbero ostacolare la risoluzione del problema.

Una volta identificate le cause del tuo stress, è importante concentrarsi sulle soluzioni. Chiediti cosa puoi fare per affrontare la situazione in modo efficace e proattivo. Potresti cercare modi per migliorare la tua situazione, ad esempio parlando con le persone coinvolte o cercando nuove strategie per gestire lo stress. L'importante è agire in modo deciso e determinato, senza lasciarti scoraggiare dalle difficoltà che potresti incontrare lungo il cammino.

È fondamentale anche fissare degli obiettivi chiari e realistici. Piuttosto che sentirsi sopraffatti dall'ampiezza del problema, spezza la situazione in piccoli passi e stabilisci obiettivi raggiungibili che ti permettano di progredire gradualmente verso la soluzione. In questo modo, avrai un piano d'azione chiaro e concreto da seguire, che ti aiuterà a mantenere alta la tua motivazione e a rimanere concentrato sui tuoi obiettivi. Durante il processo di ricerca delle soluzioni, è importante anche essere flessibili e adattabili. Potresti incontrare ostacoli lungo il percorso o scoprire che alcune delle tue strategie non funzionano come previsto. Invece di lasciarti scoraggiare, cerca modi alternativi per affrontare il problema e sii disposto a modificare il tuo approccio in base alle circostanze. L'importante è rimanere aperti al cambiamento e continuare a cercare soluzioni, anche quando le cose sembrano difficili. Non dimenticare di prenderti cura di te stesso durante questo processo. Trovare soluzioni può essere estenuante e stressante, quindi assicurati di dedicare del tempo per rilassarti e rigenerarti. Fai attività che ti piacciono, come fare una passeggiata, praticare lo yoga o leggere un libro, e cerca il sostegno di amici e familiari quando ne hai bisogno. Ricorda che sei in grado di affrontare qualsiasi sfida che la vita ti presenti, purché tu sia disposto a impegnarti e a cercare soluzioni in modo attivo e determinato.

Quando ci troviamo di fronte a situazioni che ci provocano rabbia o frustrazione, spesso ci sentiamo sopraffatti dalle nostre emozioni e reagiamo impulsivamente. Tuttavia, c'è un modo efficace per affrontare queste situazioni in modo più leggero e positivo: usando l'umorismo. L'umorismo può essere un potente strumento per alleggerire la tensione e ridimensionare le situazioni che ci fanno arrabbiare, consentendoci di affrontarle in modo più calmo e razionale.
Quando si tratta di gestire la rabbia attraverso l'umorismo, è importante imparare a guardare le cose da un punto di vista più leggero e divertente. Spesso, infatti, tendiamo a prendere le situazioni troppo sul serio, permettendo alla nostra reattività emotiva di prendere il sopravvento. Invece, cercare il lato divertente delle cose può aiutarci a ridurre la nostra tensione emotiva e a affrontare le situazioni in modo più rilassato e pacato.
Un modo per utilizzare l'umorismo per gestire la rabbia è quello di imparare a ridere di te stesso. Troppo spesso ci prendiamo troppo sul serio e diamo troppa importanza alle piccole cose. Imparare a ridere di noi stessi può aiutarci a mettere le cose in prospettiva e a non prendere le situazioni troppo sul serio. Quando ci troviamo in situazioni che potrebbero farci arrabbiare, proviamo a trovare il lato divertente della situazione e a ridere di noi stessi. Questo ci permetterà di alleggerire la tensione e di affrontare la situazione in modo più rilassato e pacato.
Un altro modo per utilizzare l'umorismo per gestire la rabbia è quello di cercare il lato divertente delle situazioni stressanti. Anziché concentrarsi sui lati negativi delle cose, cerchiamo di trovare il lato divertente della situazione e di ridere di essa. Ad esempio, se ci troviamo in una situazione stressante al lavoro, possiamo cercare di trovare il lato divertente della situazione e di ridere di noi stessi. Questo ci permetterà di alleggerire la tensione e di affrontare la situazione in modo più calmo e razionale. Inoltre, l'umorismo può essere un ottimo modo per gestire i conflitti interpersonali. Quando ci troviamo in situazioni in cui ci sentiamo arrabbiati o frustrati con gli altri, cercare di trovare il lato divertente della situazione può aiutarci a ridurre la nostra reattività emotiva e a affrontare il conflitto in modo più costruttivo. Ad esempio, anziché reagire impulsivamente e arrabbiarsi con qualcuno, possiamo cercare di trovare il lato divertente della situazione e di affrontare il conflitto con umorismo e calma. Questo ci permetterà di risolvere il conflitto in modo più efficace e di mantenere rapporti sani e positivi con gli altri. L'umorismo può essere un ottimo modo per gestire la

rabbia e affrontare le situazioni stressanti in modo più calmo e razionale.
Imparare a guardare le cose da un punto di vista più leggero e divertente può
aiutarci a ridurre la nostra reattività emotiva e a affrontare le situazioni in modo
più rilassato e pacato. Quindi, la prossima volta che ti trovi in una situazione che
potrebbe farti arrabbiare, prova a trovare il lato divertente della situazione e a
ridere di essa. Potresti scoprire che questo ti aiuterà a gestire la situazione in
modo più efficace e a mantenere la tua calma e tranquillità.

Quando ci troviamo immersi in situazioni stressanti o frustranti, è fondamentale
trovare modi per rilassarsi e gestire il nostro stato emotivo. Il rilassamento è
essenziale per mantenere un equilibrio mentale e fisico e per affrontare le sfide
quotidiane con serenità e chiarezza mentale. Esistono diverse tecniche e
strategie che possiamo adottare per rilassarci e ridurre lo stress, consentendoci
di rigenerare mente e corpo. Una delle tecniche più efficaci per rilassarsi è la
meditazione. La meditazione è un'antica pratica che coinvolge il concentrarsi
sulla propria respirazione e sull'esperienza del momento presente. Attraverso la
meditazione, possiamo calmare la nostra mente e ridurre lo stress, permettendo
al nostro corpo di rilassarsi profondamente. Anche solo dedicare pochi minuti al
giorno alla meditazione può avere benefici significativi sulla nostra salute
mentale e fisica.
Oltre alla meditazione, la respirazione profonda è un'altra tecnica efficace per
rilassarsi e gestire lo stress. La respirazione profonda coinvolge il respirare
lentamente e profondamente, concentrandosi sul riempire i polmoni di aria e sul
rilasciare lentamente il respiro. Questa tecnica aiuta a calmare il sistema nervoso
e a ridurre i livelli di stress e ansia, consentendoci di affrontare le sfide con
maggiore calma e chiarezza mentale.
L'ascolto di musica rilassante può essere un ottimo modo per rilassarsi e ridurre
lo stress. La musica ha il potere di influenzare il nostro stato emotivo e di calmare
la nostra mente. Scegliere brani musicali che ci piacciono e che ci mettono a
nostro agio può aiutarci a distenderci e a rigenerare mente e corpo.
Oltre a queste tecniche specifiche, è importante anche prendersi del tempo per
sé stessi e per dedicarsi alle attività che ci rilassano e ci rigenerano. Questo può
includere fare passeggiate nella natura, praticare attività fisica, leggere un libro o
trascorrere del tempo con persone care. Trovare modi per staccare dalla routine
quotidiana e dedicarsi al riposo e al relax è fondamentale per mantenere un
equilibrio emotivo e affrontare le sfide con serenità.
È importante anche creare uno spazio fisico e mentale che favorisca il

rilassamento e il benessere. Questo può includere creare un ambiente tranquillo e sereno nella propria casa, con luci soffuse, candele profumate e musica rilassante. Inoltre, possiamo praticare la visualizzazione positiva e immaginare noi stessi in luoghi rilassanti e rigeneranti, come una spiaggia tropicale o una foresta tranquilla. Infine, è importante anche adottare uno stile di vita sano e equilibrato, che includa una dieta sana, il giusto livello di attività fisica e un adeguato riposo e sonno. Mantenere un equilibrio tra lavoro e vita personale è fondamentale per ridurre lo stress e mantenere un benessere generale.

Trovare modi per rilassarsi e gestire lo stress è essenziale per mantenere un equilibrio emotivo e affrontare le sfide quotidiane con serenità e chiarezza mentale. Attraverso tecniche come la meditazione, la respirazione profonda e l'ascolto di musica rilassante, possiamo ridurre lo stress e rigenerare mente e corpo. Inoltre, prendersi del tempo per sé stessi e per dedicarsi alle attività che ci rilassano è fondamentale per mantenere un benessere generale e affrontare la vita con serenità.

La pratica sportiva rappresenta un potente alleato nella gestione dello stress e nel mantenimento del benessere fisico e mentale. Attraverso l'attività fisica, è possibile scaricare le tensioni accumulate, liberare la mente dai pensieri negativi e promuovere una sensazione di benessere generale. Trovare un'attività sportiva che si adatti ai propri gusti e che sia fonte di piacere è fondamentale per garantire una pratica costante e gratificante.

Uno dei principali benefici dell'attività fisica è la capacità di scaricare lo stress accumulato durante la giornata. Durante l'esercizio fisico, il corpo produce endorfine, sostanze chimiche note come "ormoni della felicità", che contribuiscono a ridurre lo stress e migliorare l'umore. Inoltre, l'attività fisica può aiutare a distrarre la mente dai pensieri negativi e a concentrarsi sul presente, favorendo una sensazione di calma e tranquillità.

Oltre a ridurre lo stress, la pratica sportiva può anche favorire il benessere psicologico. Durante l'esercizio fisico, il cervello rilascia neurotrasmettitori come la dopamina e la serotonina, che sono associati a sensazioni di felicità e soddisfazione. Questo può aiutare a migliorare l'umore e a ridurre i sintomi di ansia e depressione, favorendo un senso generale di benessere emotivo.

Inoltre, l'attività fisica regolare può contribuire a migliorare la qualità del sonno. Il sonno è essenziale per il ripristino fisico e mentale, e uno dei principali fattori che influenzano la qualità del sonno è l'attività fisica. L'esercizio regolare può aiutare a ridurre l'insonnia e favorire un sonno più profondo e ristoratore, contribuendo così al benessere generale.

Trovare un'attività sportiva che si adatti ai propri gusti e che sia fonte di piacere è fondamentale per garantire una pratica costante e gratificante. Ci sono molte opzioni tra cui scegliere, tra cui corsa, nuoto, yoga, pilates, danza e molti altri. L'importante è trovare un'attività che si adatti al proprio stile di vita e che sia divertente e stimolante.

È importante impegnarsi a praticare regolarmente l'attività sportiva scelta. Anche se può essere difficile trovare il tempo per l'esercizio fisico nella frenesia della vita quotidiana, fare dello sport una priorità può avere numerosi benefici per il benessere fisico e mentale. Trovare un momento della giornata in cui ci si sente più energici e motivati può aiutare a mantenere una routine costante di attività fisica. Ricordati che non è necessario impegnarsi in allenamenti estenuanti per trarre beneficio dall'attività fisica. Anche piccole quantità di esercizio possono avere un impatto significativo sul benessere generale. Anche una breve passeggiata, una sessione di stretching o una lezione di yoga può aiutare a ridurre lo stress e promuovere il benessere fisico e mentale.

In definitiva, la pratica sportiva rappresenta un'importante risorsa per gestire lo stress, migliorare l'umore e promuovere il benessere fisico e mentale. Trovare un'attività che ci piace e impegnarsi a praticarla regolarmente può avere numerosi benefici per la nostra salute e il nostro benessere complessivo.

Lasciar correre rappresenta una delle chiavi fondamentali per gestire la rabbia e promuovere un benessere emotivo duraturo. Si tratta di un processo che implica la consapevolezza di scegliere di non lasciarsi trascinare dalle emozioni negative come la rabbia e il risentimento, optando invece per il perdono e la liberazione da sentimenti tossici.

Quando ci troviamo di fronte a situazioni che ci provocano rabbia o frustrazione, è importante prendere consapevolezza del nostro stato emotivo e valutare se vale davvero la pena lasciarci coinvolgere da queste emozioni negative. Spesso, reagire con rabbia o risentimento non fa altro che alimentare ulteriormente il ciclo di tensione e conflitto, portando a conseguenze dannose per noi stessi e per le persone intorno a noi. Praticare il perdono è un passo essenziale nel processo di lasciar correre. Perdonare non significa necessariamente dimenticare o giustificare le azioni che ci hanno ferito, ma piuttosto liberare noi stessi dal peso emotivo che portiamo dentro. È un atto di autoconsapevolezza e compassione verso di noi stessi, che ci consente di superare il passato e abbracciare il presente con maggiore leggerezza e serenità. Lasciar correre implica anche il rilascio delle emozioni negative che possono alimentare la nostra rabbia e frustrazione. Questo può essere un processo graduale e richiedere pratica, ma è fondamentale per garantire il nostro benessere emotivo a lungo termine. Ciò può includere pratiche di auto-riflessione, come la meditazione o la scrittura di diari, che ci consentono di esplorare e elaborare le nostre emozioni in modo sano e costruttivo.

Importante imparare a distinguere tra situazioni che meritano una reazione e quelle in cui è meglio lasciar perdere. Spesso, ci troviamo ad affrontare situazioni che non sono sotto il nostro controllo o che non hanno soluzioni immediate. In questi casi, scegliere di lasciar correre può essere la scelta più saggia e compassionevole, consentendoci di concentrarci sulle cose che possiamo effettivamente cambiare e migliorare.

Un altro aspetto cruciale nel processo di lasciar correre è il perdono di sé stessi. Spesso, siamo troppo duri con noi stessi e ci auto-flagelliamo per errori passati o scelte sbagliate. Tuttavia, è importante ricordare che siamo umani e che sbagliare fa parte dell'esperienza umana. Perdonare sé stessi è un atto di gentilezza e compassione verso noi stessi, che ci permette di imparare dagli errori e di crescere come individui. Infine, lasciar correre ci consente di vivere in modo più leggero e autentico, liberandoci dal peso delle emozioni negative e aprendo la strada a una maggiore serenità e felicità. È un atto di amore verso noi stessi e verso gli altri, che ci permette di abbracciare la vita con gioia e gratitudine, indipendentemente dalle sfide che possiamo incontrare lungo il cammino.

Prendersi una pausa durante la giornata è essenziale per mantenere un buon equilibrio tra lavoro, relax e benessere. Troppo spesso ci troviamo immersi nelle nostre attività quotidiane, senza concederci il tempo necessario per ricaricare le energie e rigenerare la mente e il corpo. Tuttavia, fare delle pause regolari può avere numerosi benefici per la salute e il benessere complessivo.

Una pausa può assumere forme diverse a seconda delle preferenze personali e delle esigenze individuali. Potrebbe essere una breve passeggiata all'aria aperta, alcuni minuti di meditazione o respirazione profonda, o semplicemente una pausa per bere una tazza di tè o caffè. L'importante è scegliere un'attività che favorisca il rilassamento e la distensione, consentendo alla mente di staccare momentaneamente dalle preoccupazioni e dai pensieri stressanti.

Concedersi delle pause durante la giornata può aiutare a ridurre lo stress e l'affaticamento mentale, migliorando la concentrazione e la produttività. Quando ci prendiamo del tempo per rilassarci e rigenerarci, siamo in grado di affrontare le sfide quotidiane con maggiore chiarezza mentale e serenità emotiva. Inoltre, le pause regolari possono contribuire a prevenire il burnout e l'esaurimento nervoso, consentendo di mantenere un buon equilibrio tra lavoro e vita privata. Organizzare la giornata in modo da includere pause regolari può richiedere un po' di pianificazione e disciplina, ma ne vale sicuramente la pena. Prendersi del tempo per rilassarsi e ricaricare le energie non è un lusso, ma una necessità per mantenere un buon equilibrio fisico, mentale ed emotivo. Inoltre, le pause regolari possono aiutare a migliorare la qualità del sonno, riducendo l'insonnia e favorendo un riposo più profondo e ristoratore durante la notte.

Durante le pause, è importante concentrarsi sul momento presente e lasciar andare i pensieri riguardanti il lavoro o altre preoccupazioni. Ciò può essere raggiunto attraverso la pratica della mindfulness, che consiste nell'essere consapevoli e presenti nel momento attuale, senza giudizio. Anche solo dedicare alcuni minuti alla respirazione consapevole può aiutare a ridurre lo stress e promuovere il rilassamento. Evitare di sovraccaricarsi di impegni e stress, prendendosi del tempo per sé stessi e per le proprie esigenze. Spesso tendiamo a riempire la nostra giornata di attività senza dare la priorità al nostro benessere personale. Tuttavia, è importante ricordare che prendersi cura di sé stessi è fondamentale per essere in grado di prendersi cura degli altri e affrontare le sfide quotidiane con resilienza e determinazione. Prendersi una pausa durante la giornata è essenziale per mantenere un buon equilibrio tra lavoro, relax e benessere. Organizzare la giornata in modo da includere momenti di riposo e rigenerazione può contribuire a ridurre lo stress, migliorare la concentrazione e la produttività, e favorire un buon equilibrio fisico, mentale ed emotivo. Dedica del tempo a te stesso e alle tue esigenze, e ricorda che prendersi cura di sé stessi è fondamentale per vivere una vita sana e soddisfacente.

Gestire l'angoscia, la rabbia, lo stress e la depressione è un processo che richiede impegno e pratica costante, ma è assolutamente possibile raggiungere risultati significativi e migliorare il proprio benessere emotivo e psicologico. Con le giuste strategie e un atteggiamento positivo, è possibile imparare a gestire le nostre emozioni in modo sano ed efficace, vivendo una vita più soddisfacente e significativa. Affrontare l'angoscia e lo stress richiede una combinazione di tecniche di gestione dello stress e di strategie di coping. Queste possono includere la pratica di tecniche di rilassamento come la meditazione, la respirazione profonda o lo yoga, che aiutano a ridurre la tensione e a promuovere la calma interiore. Inoltre, è importante imparare a identificare e affrontare le fonti di stress nella propria vita, cercando di apportare modifiche positive al proprio stile di vita e all'ambiente circostante.

La gestione della rabbia è un'altra competenza importante da sviluppare per migliorare il benessere emotivo. Imparare a riconoscere i segnali di avvertimento della rabbia e ad affrontarli in modo costruttivo può aiutare a prevenire esplosioni di ira incontrollata e a mantenere relazioni sane e soddisfacenti. Utilizzare tecniche di comunicazione assertiva può essere particolarmente utile in questo contesto, consentendo di esprimere i propri sentimenti in modo chiaro e rispettoso. La depressione è una condizione complessa che può richiedere un trattamento professionale, ma ci sono anche molte strategie che possono aiutare a gestire i sintomi e migliorare il proprio stato d'animo. Mantenere uno stile di vita sano, con una dieta equilibrata, regolare attività fisica e sufficiente riposo, può contribuire significativamente a ridurre i sintomi della depressione. Inoltre, è importante cercare supporto da parte di amici, familiari o professionisti della salute mentale e impegnarsi in attività che si trovano piacevoli e gratificanti. Sviluppare una buona intelligenza emotiva è fondamentale per gestire in modo efficace le proprie emozioni e promuovere il benessere psicologico. Questo significa essere consapevoli dei propri sentimenti e delle loro cause, regolare le proprie emozioni in modo costruttivo e avere empatia e comprensione per gli altri. L'intelligenza emotiva può essere sviluppata attraverso la pratica e l'esperienza, e può avere un impatto significativo sulla nostra capacità di affrontare le sfide della vita in modo sano ed efficace. In conclusione, gestire l'angoscia, la rabbia, lo stress e la depressione richiede impegno e pratica, ma è possibile. Con le giuste strategie e un atteggiamento positivo, possiamo imparare a gestire le nostre emozioni in modo sano ed efficace, vivendo una vita piena di significato e soddisfazione. È importante essere gentili con noi stessi e accettare che ci saranno alti e bassi lungo il percorso, ma con determinazione e resilienza possiamo superare le sfide e raggiungere una maggiore felicità e benessere complessivo.

Conclusioni

"Sfida Te Stesso" si propone come una guida preziosa per coloro che desiderano sviluppare una mentalità vincente e realizzare il proprio potenziale. Attraverso una serie di strategie pratiche, esempi ed esercizi, questo libro offre un percorso verso il successo personale e la realizzazione dei propri obiettivi. Affrontare le sfide della vita richiede determinazione, impegno e una mentalità positiva. "Sfida Te Stesso" fornisce gli strumenti necessari per superare gli ostacoli, gestire lo stress e le emozioni negative, e mantenere il focus sulle proprie mete. Dal superamento dell'autosabotaggio alla gestione efficace del tempo e delle risorse, questo libro offre una panoramica completa delle competenze e delle strategie necessarie per raggiungere il successo in ogni ambito della vita. L'importanza dell'autoconsapevolezza, della resilienza e della flessibilità mentale emerge come temi centrali in questo percorso di crescita personale. Imparare a riconoscere e superare i propri limiti mentali è fondamentale per sbloccare il proprio potenziale e raggiungere nuove vette di successo. Inoltre, "Sfida Te Stesso" incoraggia il lettore a prendere responsabilità per la propria vita e a perseguire attivamente i propri sogni e aspirazioni. Con un approccio proattivo e orientato all'azione, è possibile trasformare le sfide in opportunità di crescita e realizzazione personale. Infine, il libro sottolinea l'importanza di una mentalità aperta e orientata al cambiamento. Il processo di sviluppo personale è un viaggio continuo di apprendimento e crescita, e "Sfida Te Stesso" invita il lettore a abbracciare questa sfida con entusiasmo e determinazione. In definitiva, "Sfida Te Stesso" è molto più di una semplice guida: è un compagno di viaggio per coloro che desiderano raggiungere il successo e la realizzazione personale. Con le sue preziose lezioni e ispirazioni, questo libro è destinato a diventare un punto di riferimento per chiunque voglia vivere una vita piena di significato, soddisfazione e successo.